Informatik im Fokus

Herausgeber:

Prof. Dr. O. Günther
Prof. Dr. W. Karl
Prof. Dr. R. Lienhart
Prof. Dr. K. Zeppenfeld

Informatik im Fokus

Rauber, T.; Rünger, G.
Multicore: Parallele Programmierung. 2008

El Moussaoui, H.; Zeppenfeld, K.
AJAX. 2008

Behrendt, J.; Zeppenfeld, K.
Web 2.0. 2008

Hoffmann, S.; Lienhart, R.
OpenMP. 2008

Steimle, J.
Algorithmic Mechanism Design. 2008

Stych, C.; Zeppenfeld, K.
ITIL®. 2008

Friedrich, J.; Hammerschall, U.; Kuhrmann, M.; Sihling, M.
**Das V-Modell XT. Für Projektleiter und QS-Verantwortliche
– kompakt und übersichtlich.** 2008

Brill, M.
Virtuelle Realität. 2008

Kramer, O.
Computational Intelligence. Grundlagen und Konzepte. 2009

Becker, J.; Mathas, C.; Winkelmann, A.
Geschäftsprozessmanagement. 2009

Finger, P.; Zeppenfeld, K.
SOA und Web-Services. 2009

Stuckenschmidt, H.
Ontologien. Konzepte, Technologien und Anwendungen. 2009

Patrick Finger · Klaus Zeppenfeld

SOA und WebServices

Springer

Patrick Finger
Schillerstr. 32
48485 Neuenkirchen
patrick.finger@convista.com

Prof. Dr. Klaus Zeppenfeld
Hochschule Hamm-Lippstadt
Marker Allee 65
59063 Hamm
praesident@hshl.de

Herausgeber:

Prof. Dr. O. Günther
Humboldt Universität zu Berlin

Prof. Dr. R. Lienhart
Universität Augsburg

Prof. Dr. W. Karl
Universität Karlsruhe (TH)

Prof. Dr. K. Zeppenfeld
Hochschule Hamm-Lippstadt

ISSN 1865-4452
ISBN 978-3-540-76990-3   e-ISBN 978-3-540-76991-0
DOI 10.1007/978-3-540-76991-0
Springer Dordrecht Heidelberg London New York

Die Deutsche Nationalbibliothek verzeichnet diese Publikation in der Deutschen Nationalbibliografie; detaillierte bibliografische Daten sind im Internet über http://dnb.d-nb.de abrufbar.

© Springer-Verlag Berlin Heidelberg 2009
Dieses Werk ist urheberrechtlich geschützt. Die dadurch begründeten Rechte, insbesondere die der Übersetzung, des Nachdrucks, des Vortrags, der Entnahme von Abbildungen und Tabellen, der Funksendung, der Mikroverfilmung oder der Vervielfältigung auf anderen Wegen und der Speicherung in Datenverarbeitungsanlagen, bleiben, auch bei nur auszugsweiser Verwertung, vorbehalten. Eine Vervielfältigung dieses Werkes oder von Teilen dieses Werkes ist auch im Einzelfall nur in den Grenzen der gesetzlichen Bestimmungen des Urheberrechtsgesetzes der Bundesrepublik Deutschland vom 9. September 1965 in der jeweils geltenden Fassung zulässig. Sie ist grundsätzlich vergütungspflichtig. Zuwiderhandlungen unterliegen den Strafbestimmungen des Urheberrechtsgesetzes.
Die Wiedergabe von Gebrauchsnamen, Handelsnamen, Warenbezeichnungen usw. in diesem Werk berechtigt auch ohne besondere Kennzeichnung nicht zu der Annahme, dass solche Namen im Sinne der Warenzeichen- und Markenschutz-Gesetzgebung als frei zu betrachten wären und daher von jedermann benutzt werden dürften.

Einbandentwurf: WMXDesign GmbH, Heidelberg

Gedruckt auf säurefreiem Papier

Springer ist Teil der Fachverlagsgruppe Springer Science+Business Media
(www.springer.com)

Vorwort

In einer großen deutschen Computer-Wochenzeitung wurde vor kurzem der CIO des Jahres 2008 geküohrt. Ein Verdienst des Gewinners dieses Preises, aber auch von mehreren der Platzierten, war die Tatsache, dass in den jeweiligen Unternehmen die IT-Landschaft Service-orientiert aufgestellt bzw. umgebaut wurde.

Dabei ist Serviceorientierung in der IT nichts Neues, aber es scheint so, dass Service-orientierte Architekturen (kurz SOA) immer mehr in den Blickpunkt, auch bzw. gerade von Großunternehmen rücken, bei denen es gilt die gewachsene IT-Landschaft neu zu ordnen bzw. so zu kapseln, dass sich nach außen und auch nach innen diese Neuordnung als ein effizientes Anbieten von höheren Diensten darstellt. SOA stellt dabei keine neue Technologie dar, sondern ist eher als ein Paradigma für die Strukturierung und Nutzung verteilter Systeme zu verstehen. Von daher verwundert es auch nicht, dass der Begriff nicht aus der Informatik selbst stammt, sondern erstmalig von einem Beratungsunternehmen im Jahre 1996 verwendet wurde.

Aus diesen Gründen kann behauptet werden, dass SOA im Moment in aller Munde ist. Bestätigt wird das Ganze, wenn man beim Eintippen des Begriffes in die Suchmaschinen des Internets satte 35 Millionen Einträge geliefert bekommt.

Die Buchreihe Informatik-im-Fokus des Springer Verlags hat es sich zum Ziel gemacht, in kurzer und informativer Art und Weise sich solchen Schlagworten der Informatik anzunehmen und die Hintergründe und Zusammenhänge auf eine einfache und verständliche Art und Weise zu beschreiben. Und so soll auch in und mit diesem Band erklärt werden, was hinter dem Begriff der Service-Orientierung genau steckt.

Unser Dank gilt an dieser Stelle dem gesamten Team des Springer-Verlags, allen voran Herrn Heine und Frau Herrmann, für die sehr gute und professionelle Zusammenarbeit.

Hamm, im Mai 2009 *Patrick Finger*
Klaus Zeppenfeld

Inhaltsverzeichnis

1 Einleitung 1

2 Service-Orientierung 3
   2.1 Definition 3
   2.2 Grundlegende Konzepte und Einordnung 5
   2.3 Bestandteile einer SOA 9
      2.3.1 Anwendungs-Frontend 10
      2.3.2 Service 11
      2.3.3 Vertrag 20
      2.3.4 Implementierung 20
      2.3.5 Schnittstelle 24
      2.3.6 Service-Repository 24
      2.3.7 Service-Bus 25
   2.4 Abgrenzung zur Objektorientierten Architektur 29
   2.5 Einsatzgebiete von Services 32

3 WebServices 37
   3.1 Grundlagen 37
   3.2 Definition 39
   3.3 WebService-Architektur 41
   3.4 Spezifikationen und Standards 43
      3.4.1 Discovery 44
      3.4.2 Description 46

	3.4.3	Packaging	53
	3.4.4	Transport	56
	3.4.5	Network	57
	3.4.6	Informationsfluss eines WebServices	57
3.5	Beispiel eines Einsatzgebietes		59
3.6	Quality-of-Service		60
3.7	Bewertung		61
	3.7.1	Vorteile	62
	3.7.2	Nachteile	66

4 Service-orientierte Architektur mit WebService 69
- 4.1 Choreographie vs. Orchestrierung 71
- 4.2 Orchestrierung von WebServices 72
- 4.3 Sprachelemente von WS-BPEL.................... 73
- 4.4 Modellierung von Prozessen mit WS-BPEL 78

5 SOA Governance 87
- 5.1 Positionierung der SOA Governance im Unternehmen 88
- 5.2 Organisatorische Ebenen der SOA Governance 89
- 5.3 Aufgaben der SOA Governance 91
- 5.4 Governance im SOA-Service-Lifecycle 92

6 Fazit 97

7 Anhang... 99
- 7.1 Quelltext BPEL Beispiel............................... 99

8   Glossar 105

9   Quellenverzeichnis 113
    9.1   Literatur 113
    9.2   Online-Quellen 113
    9.3   Weiterführende Literatur 117
        9.3.1   Zeitschriften 118

10 Abkürzungsverzeichnis 121

11 Index 125

1 Einleitung

Das Thema Service-orientierte Architektur (SOA) ist ein aktuelles Schlagwort, das nicht nur im IT-Bereich sondern auch im Unternehmens-Management auf viel Interesse gestoßen ist. Bei der Wahl der Strategie zur Modernisierung von IT-Landschaften, fällt die Entscheidung häufig zugunsten dieses neuartigen Architekturmodells.

Der Kerngedanke von SOA besteht darin, IT-Funktionalitäten in einzelne, geschäftsorientierte Serviceblöcke aufzuspalten und damit komplexe Strukturen aufzulösen.

Das verwendete Architekturdesign zur Modellierung einer Service-orientierten Architektur verfolgt einen prozessorientierten Ansatz und eine neuartige, abstrakte Sichtweise auf das Geschäftsmodell eines Unternehmens. Dieser Ansatz ermöglicht eine enge und intensive Zusammenarbeit von IT, Fachabteilungen und Management.

Aus technischer Sicht können verschiedene Dienste unabhängig von der Systemplattform durch lose Kopplung an eine zentrale Instanz dynamisch von Systemen abgerufen oder angeboten werden. Welche konkrete Technologie zur Implementierung der Dienste zum Einsatz kommt, wird durch das Service-orientierte Konzept nicht festgelegt. In der Praxis fällt die Wahl sehr oft auf WebServices. Die entscheidenden Vorteile dieser Technologie beruhen auf der Verwendung plattformunabhängiger und herstellerneutraler Standards.

Viele namhafte IT-Unternehmen sind mit umfangreichen SOA-Plattformen am Markt vertreten. Sie alle bieten Lösungen zur Implementierung von Diensten durch WebServices an.

Das vorliegende Buch soll dem Leser einerseits die wissenschaftlichen Grundlagen der Service-Orientierung vermitteln und andererseits die technologischen Konzepte und Standards zur praktischen Umsetzung Service-orientierter Architekturen unter Verwendung von WebServices vorstellen. Der Fokus liegt dabei auf der Fragestellung, in wie weit WebServices zur Implementierung geeignet sind. Ergänzend werden organisatorische Vorgehensmethoden zur Einführung und zum Betrieb einer SOA beschrieben.

2 Service-Orientierung

Der Begriff Service-orientierte Architektur (SOA) ist in dem Bereich der Informationstechnologie in den letzten Jahren zu einem Hypethema geworden. Dabei ist SOA keine neue Technologie sondern viel mehr ein Konzept, um verteilte IT-Services in Geschäftsanwendungen einzubinden oder diese anzubieten. Der Kerngedanke Service-orientierter Architekturen liegt darin, unterschiedliche Systeme über Services lose miteinander zu koppeln und dadurch neue Anwendungen mittels Komposition zu entwickeln. Es können sowohl bestehende als auch neu entwickelte Systeme integriert werden. In diesem Kapitel werden die Grundbegriffe und Elemente einer Service-orientierten Architektur beschrieben und Beispiele zum praktischen Einsatz vorgestellt.

Zum Einstieg in das Themengebiet Service-orientierte Architektur werden im folgenden Abschnitt mehrere Definitionen des Begriffes SOA genauer betrachtet.

2.1 Definition

Das Thema Service-orientierte Architektur beschäftigt die IT-Industrie seit einigen Jahren mit deutlich steigender Tendenz. Viele Unternehmen versuchen, sich nicht nur durch innovative

Produkte sondern auch durch entsprechende Definitionen des Begriffs SOA in die Pionierrolle zu drängen.

Im Folgenden werden drei Definitionen vorgestellt, die nicht von einer kommerziellen Sichtweise geprägt sind.

D. Krafzig et. al. – Enterprise SOA
Eine Service-orientierte Architektur (SOA) ist eine Softwarearchitektur, die auf den folgenden Schlüsselkonzepten basiert: Anwendungs-Frontend, Service, Service-Repository und Service-Bus. Ein Service besteht aus einem Vertrag, einer oder mehreren Schnittstellen und einer Implementierung [01].

Gartner Group – Introduction to SOA
Service-oriented architecture (SOA) is a client/server software design approach in which an application consists of software services and software service consumers (also known as clients or service requesters). SOA differs from the more general client/server model in its definitive emphasis on loose coupling between software components, and in its use of separately standing interfaces. SOA principles are rendered during application design, development and deployment. These renditions share the essential principles of encapsulation and flexible coupling, but they differ in detail. The fundamental intent of SOA is the non-intrusive reuse of software components (services) in new runtime contexts. The design and development of SOA is performed for the purpose of achieving such an agile runtime environment [o01].

W. Dostal et. al. - Service-orientierte Architekturen mit Web Services
Unter einer SOA versteht man eine Systemarchitektur, die vielfältige, verschiedene und eventuell inkompatible Methoden oder Applikationen als wiederverwendbare und offen zugreifbare Dienste repräsentiert und dadurch eine plattform- und

sprachenunabhängige Nutzung und Wiederverwendung ermöglicht [02].

Die oben genannten Definitionen spiegeln das momentane Verständnis von Service-orientierter Architektur wieder. Unternehmen und Organisationen beschäftigen sich intensiv mit dem Thema und entwerfen individuelle Konzepte zur Umsetzung.

2.2 Grundlegende Konzepte und Einordnung

Das Konzept einer Service-orientierten Architektur beruht auf dem Einsatz von Services. In gewachsenen IT-Landschaften finden sich oft komplizierte Gebilde monolithischen Ausmaßes wieder. Sollen nun Funktionen verändert, erweitert oder in anderen Anwendungen wiederverwendet werden, sind die Kosten dieser Aktivitäten enorm hoch und beanspruchen viel Zeit. Um konkurrenzfähig zu bleiben, sind notwendige, zeitintensive Re-Modellierungen und Umstrukturierungen nach bestehenden Ansätzen des Software-Enginieerings für Unternehmen nur schwer oder oft überhaupt nicht realisierbar. Eine Lösung bietet das Konzept der Service-Orientierung.

Die Abb. 2.1 zeigt eine schematische Übersicht, wie eine gewachsene IT-Landschaft aussehen kann. Die nummerierten Anwendungen sind miteinander verbunden, sodass sie Funktionen gemeinsam nutzen können. In diesem Beispiel nutzt die Anwendung 2 demnach eine Funktion der Anwendung 1 oder umgekehrt. Wird nun eine Anwendung aktualisiert, erweitert oder sogar entfernt, müssen alle Beziehungen zu anderen Anwendungen ebenfalls aktualisiert, erweitert bzw. entfernt werden. Je mehr Funktionen und Anwendungen in einer IT-Landschaft angesiedelt sind, desto unübersichtlicher wird diese.

6   2 Service-Orientierung

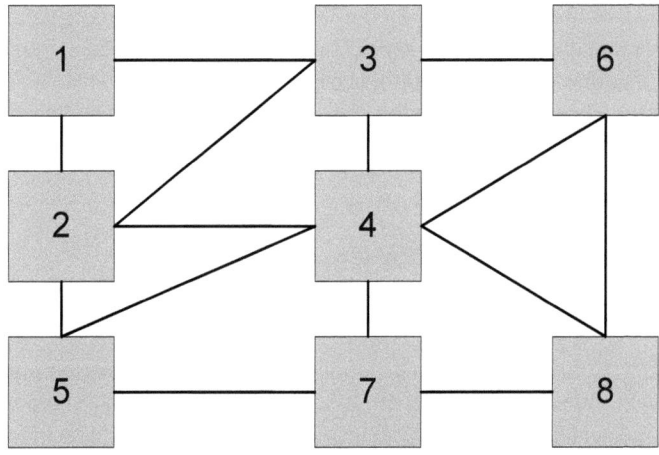

Abb. 2.1: Existierende, gewachsene Beispiel-Architektur

Dieses Modell ist alleine schon durch die acht beteiligten Elemente sehr unübersichtlich geworden. Die Wartbarkeit und auch Erweiterbarkeit der IT-Landschaft würde sich bei weiteren beteiligten Komponenten zusätzlich erschweren.

Die Schwachstellen dieses Szenarios werden durch das Konzept der Service-orientierten Architektur vermieden. Es ermöglicht dem Unternehmen durch klare Strukturierung den Aufbau einer agilen und wirtschaftlichen Anwendungslandschaft. Damit das Unternehmen schneller auf Änderungen in einem bestimmten Prozess reagieren kann, werden alle Komponenten über eine integrierte Plattform miteinander verbunden. Im Konzept einer SOA ist diese Plattform der Service-Bus. Somit stehen jeder Komponente die Daten oder Funktionen anderer Komponenten zur Verfügung. Es findet keine direkte Kommunikation zwischen den einzelnen Komponenten statt. Wie in Abb. 2.2 deutlich zu erkenn ist, wird die Zielarchitektur geordneter und damit übersichtlicher.

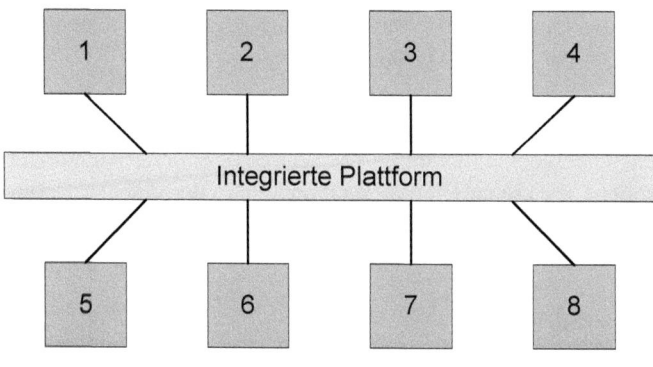

Abb. 2.2: Zielarchitektur

Zu den entscheidenden Vorteilen einer solchen Architektur zählen:

Flexible Änderbarkeit
Durch lose Kopplung der Services wird eine hohe Flexibilität in der Architektur erreicht. Im Kontext der Informationstechnologie wird der Begriff Kopplung mit dem „Maß der Abhängigkeit zweier Systeme" beschrieben.

Leichte Wartbarkeit
Durch Wiederverwendung der Services werden redundante Implementierungen vermieden. Im Idealfall wird keine Funktion mehrfach in verschiedenen Services implementiert.

Neuen Nutzen aus vorhandener Software ziehen
Bereits vorhandene Geschäftslogik, wie sie oft in Legacy-Systemen vorhanden ist, kann mit neuen Technologien erweitert werden und dadurch dem Unternehmen neue Möglichkei-

ten bieten. Bestehende Systeme werden nicht modifiziert, sondern über Schnittstellen verfügbar gemacht. Besonders durch Einbindung von unternehmensexternen Diensten kann nicht nur die Qualität verbessert sondern auch eine Kosteneinsparung erzielt werden (Outsourcing).

Neue Vertriebswege
Das Unternehmen ist durch die Service-orientierte Architektur in der Lage, seine Dienste auch außerhalb der eigenen Unternehmensgrenzen anzubieten. Wertvolle Geschäftslogik kann von anderen Unternehmen kostenpflichtig genutzt werden.

Skalierbarkeit
Die gesamte Architektur wird durch den Service-orientierten Ansatz skalierbarer. Das ist die Folge der eingesetzten integrierten Plattform, welche die Aufgabe übernimmt, neue Komponenten bei Bedarf flexibel einzubinden.

Offenheit
Eine Service-orientierte Architektur basiert auf keiner festgelegten Technologie, jedoch passen viele moderne Middleware-Systeme in das Konzept und erfüllen die Anforderungen einer SOA. Vor allem XML-basierte Technologien bieten ein hohes Potenzial Service-orientierte Architekturen erfolgreich umzusetzen.

Eine Service-orientierte Architektur ist demnach ein Architekturkonzept, welches durch verschiedene Technologien unterstützt werden kann. Diese Technologien müssen die Basisanforderungen erfüllen, Services in irgendeiner Form abzubilden und bereitstellen zu können.
Eine häufig in der Praxis gewählte Technologie sind Web-Services, die im Kapitel 3 genauer beschrieben werden. Die in einer Service-orientierten Architektur eingesetzten Services un-

terstützen Geschäftsprozesse, um Unternehmensziele mit Hilfe von IT kostengünstig erreichen zu können. Die Prinzipien zur Umsetzung einer Service-orientierten Architektur mit WebServices werden im Kapitel 4 genauer beschrieben.

Im folgenden Abschnitt werden die einzelnen Bestandteile des SOA-Modells genauer betrachtet.

2.3 Bestandteile einer SOA

In der Definition nach Krafzig et. al. (vgl. Abschnitt 2.1) wird der grundlegende Aufbau einer Service-orientierten Architektur beschrieben. Die Abb. 2.3 zeigt den Zusammenhang der einzelnen Bestandteile [03].

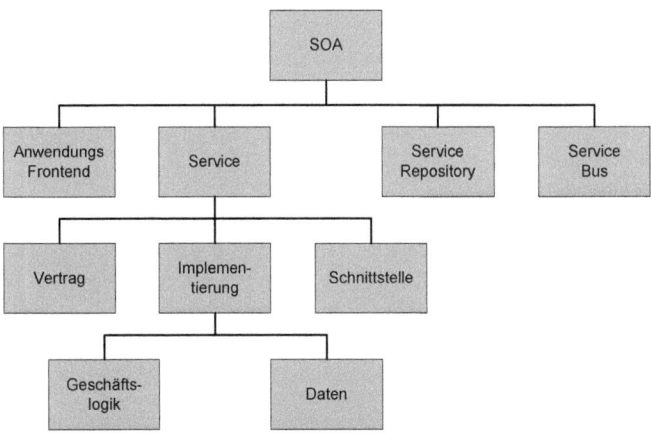

Abb. 2.3: Bestandteile einer SOA

In den folgenden Abschnitten werden die einzelnen Elemente und die zugrunde liegenden Konzepte beschrieben und deren Zusammenhang genau erklärt.

2.3.1 Anwendungs-Frontend

Das Anwendungs-Frontend (vgl. Abb. 2.3) dient zur Interaktion zwischen dem Anwender und einem Service des SOA-Systems sowie zur Darstellung von Nachrichten für den Anwender.

Es ist vergleichbar mit der grafischen Oberfläche einer klassischen Software-Anwendung und somit die für den Anwender sichtbare Komponente einer Service-orientierten Architektur. Hier werden die notwendigen Eingaben zum Initiieren eines Geschäftsprozesses entgegen genommen und dessen Ergebnis präsentiert. Bei der Einführung einer Service-orientierten Architektur kann ein bereits vorhandenes Frontend einer Softwarelösung wiederverwendet werden. Dieses könnte z. B. von einem vorhandenen CRM-System (Customer Relationship Management) stammen. Die Integration in eine Service-orientierte Architektur kann durch marginale Anpassungen schnell erfolgen, soweit die Software eine Implementierungsmöglichkeit für Services (z. B. WebServices) zulässt. Hieraus zeigt sich bereits ein großer Vorteil einer SOA, denn die Geschäftslogik ist von dem Anwendungs-Frontend getrennt.

Das Anwendungs-Frontend ist jedoch nicht zwangsläufig eine grafische Präsentationssicht für den Anwender. Beispielsweise zählen auch Batch-Prozesse zu dieser Kategorie.

Durch die Anwendungs-Frontends können die Verantwortlichkeiten und die Steuerung des Geschäftsprozesses an eine weitere Instanz, oft eine Person, weitergegeben werden.

2.3.2 Service

Services (vgl. Abb. 2.3) spielen in einer Service-orientierten Architektur natürlich die zentrale Rolle. Ein Service wird allgemein definiert als [o02]:

- Work done for others as an occupation or business.
- An act or a variety of work or duties for others, especially for pay.

Diese Definitionen treffen auch in Hinblick auf Service-orientierte Architekturen zu. Ein Service wird erstellt, um ihn einer anderen Instanz zur Verfügung zu stellen. Wird der Service außerhalb von Unternehmensgrenzen angeboten, ist die Nutzung gegen eine Gebühr üblich.

Beim Angebot und Konsum eines Service sind immer zwei Parteien beteiligt. Der Service-Anbieter, im folgenden Service-Provider genannt, bietet seine Dienste einem Service-Nutzer an. Dieser wird auch Service-Consumer genannt. Damit eine reibungslose Nutzung des Service gewährleistet werden kann, schließen die beiden Parteien einen Service-Vertrag ab. In diesem wird der Service im Einzelnen definiert. Darunter befinden sich detaillierte Informationen zur Leistung des Service.

Die Abb. 2.4 [04] zeigt die Bestandteile eines Service im Kontext einer Service-orientierten Architektur.

Die Implementierung umfasst die Geschäftslogik und Datenhaltung. Über Schnittstellen werden Operationen nach außen angeboten. Die Anzahl der Schnittstellen ist dabei beliebig, der Inhalt kann auf bestimmte Service-Konsumenten zugeschnitten werden. Der Servicevertrag beschreibt die Eigenschaften des Service.

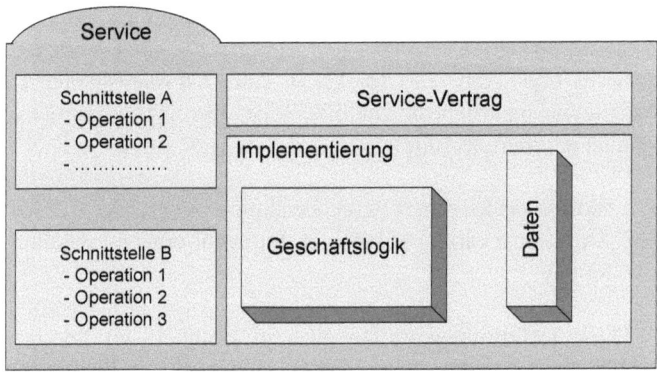

Abb. 2.4: Bestandteile eines Service

2.3.2.1 Servicearten

Zur Vorstellung unterschiedlicher Service-Arten wird zunächst eine Analogie zu bekannten Standard-Architekturen der Softwaretechnik hergestellt.

In der klassischen Software-Architektur werden die einzelnen Komponenten einer Anwendung im Allgemeinen gemäß dem 3-Schichten-Architekturmodell gegliedert.

Abb. 2.5 zeigt den Aufbau nach GUI, Fachkonzept und Datenzugriff.

2.3 Bestandteile einer SOA   13

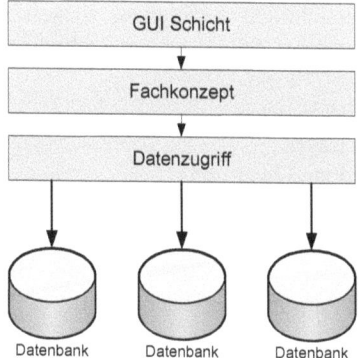

Abb. 2.5: 3-Schichten-Architektur

Die Service-orientierte Architektur geht dagegen anders vor. Betrachtet man einen Service in Bezug auf die 3-Schichten-Architektur, werden die Schichten Fachkonzept und Datenzugriff jeweils in einem Service zusammengefasst (vgl. Abb. 2.6).

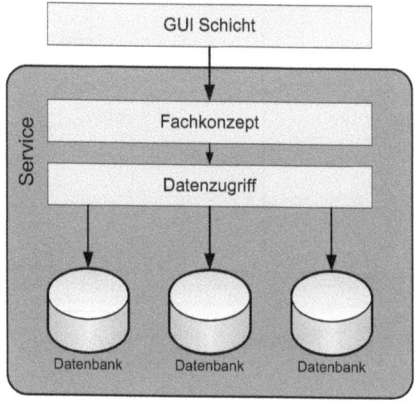

Abb. 2.6: Service-Architektur

14 2 Service-Orientierung

Um eine übersichtliche Architektur zu gewährleisten, werden die Services einer SOA vier unterschiedlichen Schichten zugeordnet:
- Enterprise Layer
- Process Layer
- Intermediate Layer und
- Basic Layer

Die daraus entstehende neue Sicht wird in Abb. 2.7 anhand eines Praxisbeispiels „Ausleihprozess einer Bibliothek" verdeutlicht und im Anschluss genauer erklärt.

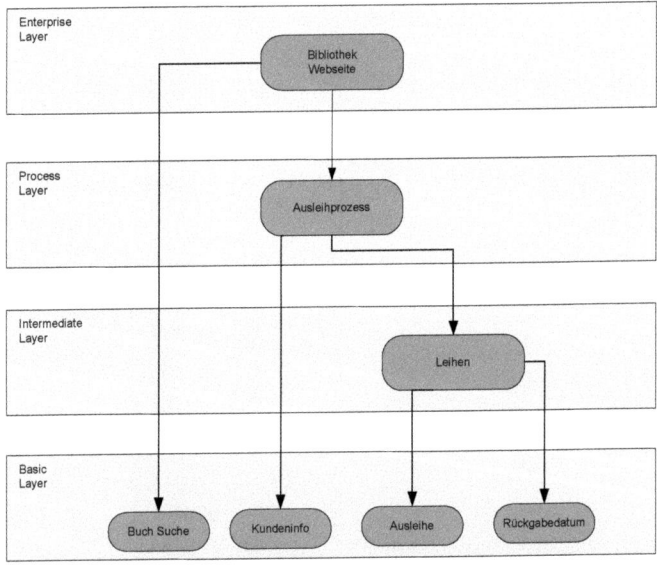

Abb. 2.7: Arten und Schichten von Services

Im Folgenden werden die einzelnen Schichten Enterprise, Process, Intermediate und Basic und die ihnen zugeordneten

Services genauer beschrieben und an praktischen Beispielen erklärt:

Enterprise Services (Geschäftsdienste)
Im Enterprise Layer finden sich die nach außen verfügbaren Services wieder. Dazu gehören auch die außerhalb von Unternehmensgrenzen im Kontext des Business-to-Business (B2B) Bereich angebotenen Dienste.

In dem Beispiel aus Abb. 2.7 wird auf dieser Schicht ein Service in einer Webseite eingebunden und nimmt von dort aus Interaktionen von den Anwendern außerhalb des Unternehmens entgegen. Die Webseite dient als Anwendungs-Frontend für die Services der Bibliothek. Falls wie in diesem Beispiel eines Enterprise Service die Konsumenten nicht im Voraus bekannt sind, müssen geeignete Mechanismen für Entkopplung, Sicherheit und ggf. Rechnungsstellung bereitgestellt werden.

Process Centric Service (Prozesszentrierter Dienst)
In den prozesszentrierten Services wird die Geschäftslogik gekapselt und anderen Services zur Verfügung gestellt. Sie werden durch Orchestrierung aus mehreren Basis- bzw. Zwischenservices gebildet.

Die prozesszentrierten Services haben die Aufgabe die Enterprise Services zu entlasten, damit diese keine Geschäftslogik implementieren müssen. Da in dieser Sicht mehrere Services miteinander verbunden werden, stellen sie die komplexeste Dienstart dar.

Intermediate Services (Zwischendienste)
Die Services des Intermediate Layer dienen der Vermittlung zwischen zwei oder mehreren anderen Diensten und können im Detail unterschiedliche Funktionen übernehmen. Sie werden in

die Untergruppen Technology Gateway, Adapter, Façade und Functionality Service eingeteilt.

Die **Technology Gateway Services** dienen der Überbrückung technischer Lücken zwischen mindestens zwei Services. In der Abb 2.8 ist gut zu erkennen, dass ein Technology Gateway Service somit mindestens zwei Technologien beherrschen muss. Sind beispielsweise die Services A und B in verschiedenen Programmiersprachen implementiert worden, so fungiert der Technologie Gateway Service als „Dolmetscher" (z. B. zur Typenkonvertierung etc.).

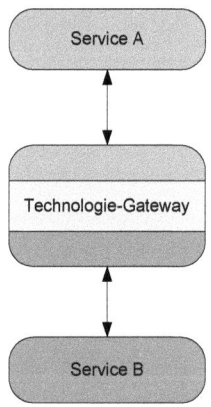

Abb. 2.8: Technology Gateway

Ein Zwischenservice, der die Aufgabe eines **Adapters** besitzt, überbrückt hingegen konzeptionelle Lücken zwischen einem Service und einem Service-Client. Im Beispiel aus Abb. 2.9 ist dieser Client eine vorhandene CRM-Anwendung (Customer Relationship Management). Der Adapter ist notwendig, weil die CRM Anwendung einen von ihr benötigten, datenzentrierten Service nicht mit eigenen Mitteln integrieren kann. Um dem CRM-Modul trotzdem den Zugriff auf die Datenbank zu ermöglichen, ist ein geeigneter Adapter-Service zu implementieren, der im Auftrag des CRM-Moduls auf die Schnittstelle des Service zugreifen kann.

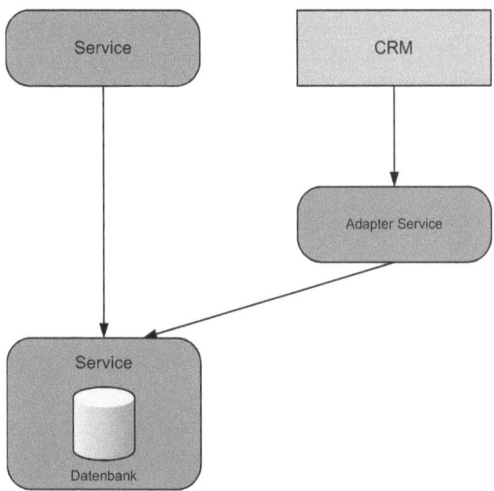

Abb. 2.9: Adapter

Um mehrere logisch zusammengehörende Services zu bündeln, damit diese nicht alle einzeln vom Service Client implementiert und aufgerufen werden müssen, bieten sich Fassaden (Façades) an. Der Service-Client muss durch dieses Konzept nur einen Service implementieren. Dies ist in Abb. 2.10 gut zu erkennen. Die logisch zusammengehörenden Services werden durch die Fassaden-Dienste gruppiert, welche den Zugriff auf diese kontrollieren.

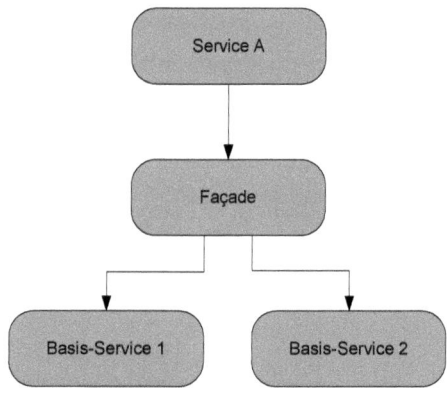

Abb. 2.10: Fassade

Eine weitere Art der Zwischenservices sind Functionality Services (Funktionalitätsergänzende Dienste). Diese erweitern Basis-Dienste um weitere Funktionen.

In Abb. 2.11 ist zu erkennen, wie ein Zwischenservice einen Basis-Service um eine weitere Operation (Operation 2) ergänzt. Der Service A greift somit auf die Funktionalitäten des Basis-Services zu. Ihm steht dann nur Operation 1 zur Verfügung. Dahingegen greift der Service B über den Zwischenservice auf die Operation 1 des Basis-Dienstes zu.

Der Aufruf wird vom Zwischenservice an den Basis Service delegiert. Service B erhält dazu noch einen Zugriff auf Operation 2, die der Zwischenservice implementiert hat. Ein Anwendungsbeispiel für dieses Muster ist, dass es sich bei Service A um ein operatives System und bei Service B um ein Testsystem handelt, welches über zusätzliche oder neue Funktionen verfügt.

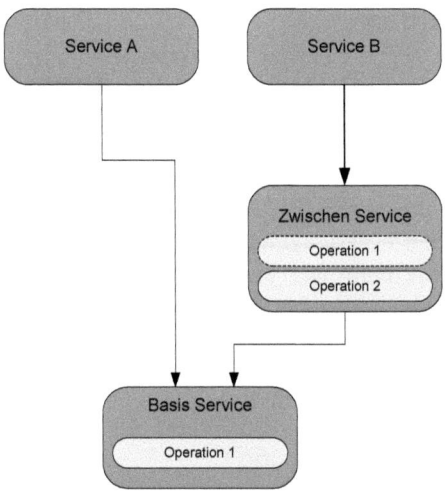

Abb. 2.11: Funktionsübergreifender Service

Basic-Services (Basisdienste)
Basic-Services sind das Fundament einer Service-orientierten Architektur und bilden aus organisatorischer Sicht jeweils eine elementare Funktion ab. Die Basic-Services können in datenzentrierte Services und logikzentrierte Services unterteilt werden. Diese Einteilungen werden im Abschnitt Implementierung (vgl. 2.3.4) weiter erklärt.

Basisdienste bieten eine hohe Wiederverwendbarkeit. Bezogen auf das Beispiel aus Abb. 2.7. kann der Basisdienst Kundeninfo nicht nur für den Ausleihprozess, sondern auch für andere Geschäftsprozesse genutzt werden. Bei der Konzeption einer SOA spielt die Definition der Basic-Services aus diesem Grund eine zentrale Rolle. Es ist darauf zu achten, möglichst elementare Funktionen zu identifizieren, die von vielen Service-Clients genutzt werden können, ohne durch zu hohe Detaillierung die Komplexität unnötig zu erhöhen.

2.3.3 Vertrag

In einem Service-Vertrag (vgl. Abb. 2.3) wird der angebotene Dienst genauer spezifiziert. Es werden Funktionen und ggf. Beschränkungen der Nutzung beschrieben, an die sich beide Vertragspartner halten müssen. Durch diese informelle Spezifikation wird eine reibungslose Verständigung und Leistungserbringung des Dienstes gewährleistet.

Die genaue Form des Vertrags kann in Abhängigkeit von dem eingesetzten Typ des Service variieren. Im Kontext der WebServices, die im Kapitel 3 behandelt werden, ist der Service-Vertrag beispielsweise die WSDL (vgl. Abschnitt 3.4.2).

2.3.4 Implementierung

Um die Geschäftslogik des Service physikalisch zur Verfügung zu stellen, wird eine Implementierung (vgl. Abb. 2.3) benötigt.

Es ist die technische Realisierung, die den Service-Vertrag erfüllt. Die Implementierung wird vom Service-Provider bestimmt. Sie enthält Elemente wie Programme, Konfigurationsdateien und Datenbanken. Jede gängige Plattform, die Services abbilden kann, ist für eine SOA geeignet. Im Hinblick auf WebServices kommen beispielsweise die Plattformen .NET von Microsoft oder J2EE bzw. Java EE5 von Sun Microsystems in Frage.

2.3.4.1 Geschäftslogik

Ein Teil der Implementierung ist die Geschäftslogik. Diese bildet die allgemeinen Aktivitäten eines Prozesses ab. Hier findet die spezifische Programmierung, beispielsweise in objektorientierten (C#, Java etc.) oder prozeduralen Programmiersprachen (COBOL etc.), statt. Durch Eingabeparameter können Methoden und Prozesse gesteuert werden. Diese können wiederum Services verwenden oder anderen Programmierkonzepten folgen. Sie müssen nur eine Möglichkeit bieten, wie bereits im Abschnitt Implementierung beschrieben, Services realisieren zu können.

Diese Services, welche die Geschäftslogik umsetzen, werden logikzentrierte Dienste genannt. Sie beinhalten Algorithmen für komplexe Berechnungen oder Geschäftsregeln und stellen sie dem Service-Client zur Verfügung. In der klassischen Softwareentwicklung wird diese Bereitstellung mit Hilfe von Bibliotheken (DLL-Dateien) oder speziellen Frameworks realisiert.

Die Abb. 2.12. verdeutlicht den Einsatz eines logikzentrierten Service an einem kleinen Beispiel. Ein logikzentrierter Dienst (Produkt Engine) kapselt die Geschäftslogik und bietet diese zentral mehreren Service-Konsumenten an. Dies hat den Vorteil, dass die Geschäftslogik nur einmal programmiert werden muss und leichter wartbar ist. Werden Änderungen vorgenommen, stehen die neuen Algorithmen und Berechnungen allen Service-Konsumenten zur Verfügung. Es entfällt dadurch die Aktualisierung aller Instanzen, welche die Geschäftslogik ohne logikzentrierten Service selbst implementiert hätten. Ein weiterer Vorteil ist die Vermeidung redundanter Daten und daraus resultierender Inkonsistenz. Jeder Service-Client kann somit zentral auf die aktuelle Geschäftslogik zugreifen.

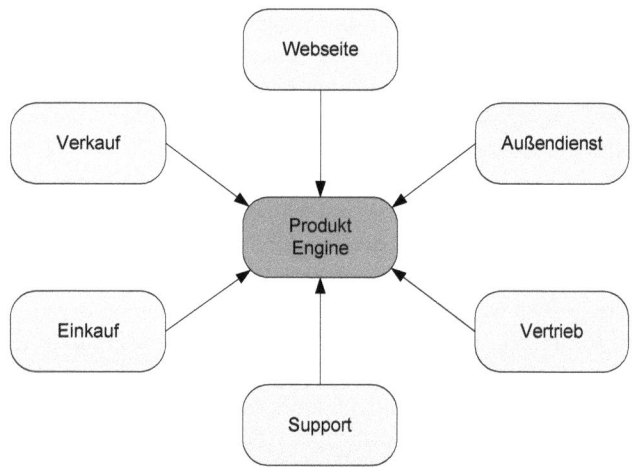

Abb. 2.12: Logikzentrierter Dienst

2.3.4.2 Daten

Ein weiterer Teil der Implementierung betrifft die benötigten Daten und die Art der Speicherung. Hier kommen relationale Datenbanksysteme, XML-Datenbanken oder einfache Dateisysteme in Betracht. Ein Service kann dem Client vorhandene, persistente Daten zum Speichern, Lesen oder Transaktions- und Sperrmechanismen anbieten. Ein solcher Dienst wird auch als datenzentrierter Services bezeichnet und ist vergleichbar mit der Datenzugriffsschicht in dem klassischen 3-Schichten-Architekturmodell. Ein wesentlicher Unterschied besteht allerdings darin, dass ein datenzentrierter Service sich nur auf eine konkrete Geschäftseinheit bezieht und nicht den gesamten Datenbestand verwaltet.

Außerdem werden einzelne Dateneinheiten, wie z. B. Kundendaten eines Unternehmens, durch den datenzentrierten Service streng gekapselt. Aus diesem Grund benötigt eine Anwendung, die Bestandteil einer Service-orientierten Architektur ist, in der Regel mehrere datenzentrierte Services.

Die Abb. 2.13. zeigt ein Beispiel zur Erstellung eines datenzentrierten Dienstes zum Kundenservice. Der Service fasst sämtliche, für verschiedene Geschäftsprozesse benötigte Zugriffe auf die Kundendaten zusammen. In dem Beispiel sind zwei Schnittstellen für den Kundenservice erstellt worden. Die Schnittstelle Kundenmanager stellt Operationen zum Lesen, Schreiben und Löschen von Kundendaten zur Verfügung. Im Gegensatz dazu stellt die Schnittstelle Kontoübersicht nur Operationen zum Lesen der Kontodaten von Kunden bereit.

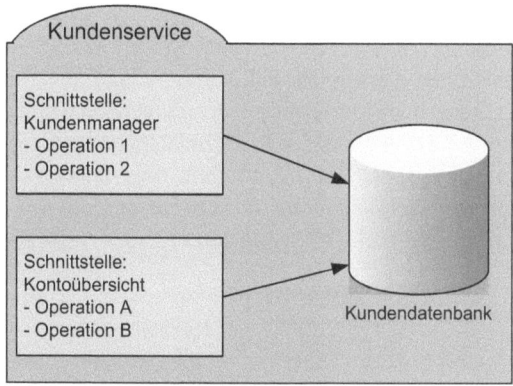

Abb. 2.13: Datenzentrierter Dienst

Dieses Beispiel beschreibt einen richtigen Ansatz für eine in sich stimmige Service-orientierte Architektur. Es wird eine Obermenge gefunden, die für alle Geschäftsprozesse, die Kundendaten nutzen, verfügbar ist. Die Restriktionen, die für einzelne Geschäftsprozesse notwendig sind, werden durch spezifische Schnittstellen realisiert.

Diese Vorgehensweise erhöht durch eine geringere Anzahl an Services die Übersichtlichkeit des Gesamtsystems. Bezogen auf das Beispiel würde sich die Anzahl der Services verdoppeln, wenn jeweils für den Kundenmanager und die Kontoübersicht ein eigener Service implementiert wird. Ein wesentlicher Vorteil der Generalisierung von Services ist ein geringerer Implementierungs- und Wartungsaufwand.

2.3.5 Schnittstelle

Eine Schnittstelle dient der Bereitstellung der Funktionalität des Service an einen Client.

Die Beschreibung der Schnittstelle ist Teil des Service-Vertrages zwischen Service-Provider und -Client und legt fest, welche Operationen des Service der Client nutzen darf (vgl. Abschnitt 2.3.3). Die technische Schnittstelle enthält Informationen auf physischer Ebene und dient dem Client zur Implementation der Nachrichtenübermittlung an den Service.

2.3.6 Service-Repository

Ein Service-Repository übernimmt die Aufgabe, das Finden und Ausführen von Diensten zu gewährleisten und diese für einen Service-Bus zugreifbar zu hinterlegen.

Die Funktion ist damit vergleichbar mit einem im Umfeld von WebServices eingesetzten Verzeichnisdienst wie UDDI (siehe dazu Kapitel 3.4.1).

Das Service-Repository liegt auf der gleichen Ebene wie das Anwendungs-Frontend, der Service und der Service-Bus. Das Ziel ist es, Dienste zu erkennen und alle Informationen anzufordern, die für die Nutzung des Service benötigt werden. Teile dieser Informationen sind in dem Service-Vertrag bereits enthalten. Das Service-Repository kann darüber hinaus noch weitere wichtige Informationen bereitstellen. Dazu gehören zum Beispiel Angaben zur physikalischen Speicherung und zum Provider des Service, sowie technische Beschränkungen und Transaktions- oder Sicherheitsbestimmungen.

Der Zugriff auf das Service-Repository erfolgt über den Service-Bus, dieser kann auf die gespeicherten Informationen zugreifen und anschließend zu den SOA-Teilnehmern transportieren.

Mit der Anzahl der eingesetzten Services steigt die Notwendigkeit einer zentralen Verwaltung durch ein Service-Repository. Wichtige zu regelnde Punkte zur Organisation des Zusammenspiels der Dienste sind das Sicherstellen der

- stetigen Wartung,
- Überwachung und
- Koordination

der Services, die in dem Service-Repository abgelegt sind.

Werden die Services lediglich unternehmensintern genutzt, reichen diese Funktionen aus. Sollen Services außerhalb des Unternehmens angeboten oder nachgefragt werden, sind noch weitere Aspekte notwendig. Diese legen beispielsweise Bestimmungen zur Nutzung, Bezahlung oder Sicherheit fest.

Um eine skalierbare und selbst konfigurierbare Serviceorientierte Architektur im Unternehmensumfeld (Enterprise SOA) zu erstellen, sollte auf ein Service-Repository aus diesem Grund nicht verzichtet werden.

2.3.7 Service-Bus

Der Service-Bus verbindet die Teilnehmer einer SOA. Wird durch Interaktion im Anwendungs-Frontend eine Funktion ausgelöst, die einen Service benötigt, erledigt der Service-Bus die notwendigen Schritte zur Verbindung. Dabei greift der Service-Bus auf das Service-Repository zu und verbindet den richtigen Dienst mit dem Service-Client.

Zusammengefasst bestehen die Funktionen eines Service-Bus in

- der Nachrichtenübermittlung,
- der Datentransformation und
- dem Routing der Nachrichten.

Die Abb. 2.14 zeigt das grundlegende Prinzip des im Umfeld einer Service-orientierten Architektur eingesetzten Service-Busses.

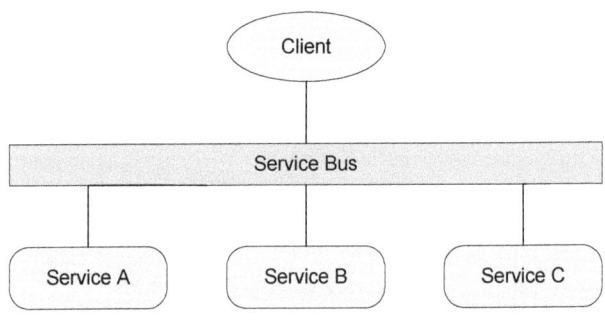

Abb. 2.14: Service-Bus

Eine grundlegende Eigenschaft des Service-Busses ist die Offenheit gegenüber unterschiedlichen Technologien.

Die Implementierung der angesprochenen Dienste ist nicht durch den Service-Bus festgelegt, d. h. die angesprochenen Dienste können auf unterschiedlichen Technologien basieren.

Ein weiterer Vorteil besteht in der hohen Skalierbarkeit. Neue Funktionen in Form von Services können ohne großen

Aufwand an den Service-Bus angefügt oder nicht mehr benötigte Funktionen wieder entfernt werden können. Die Anwendungen (Service-Clients) können diese durch den Bus lose gekoppelten Dienste nutzen. Änderungen können schnell vorgenommen werden und stehen somit allen Service-Clients zur Verfügung. Darüber hinaus können neue Clients auf einfache Weise dem System hinzugefügt werden. Die Eigenschaften eines Service-Busses sind:

Konnektivität
Die Hauptaufgabe des Service-Busses besteht in der Vernetzung der Teilnehmer einer Service-orientierten Architektur und der Herstellung der Konnektivität. Der Service-Bus soll die vom Service-Client angeforderten Nachrichten sofort vermitteln und dadurch dem Anwender einen reibungslosen Arbeitsablauf ermöglichen. Dies wäre bei der Vermittlung der Nachrichten in einem Spool als Batch-Verfahren nicht der Fall.

Heterogene Technologien und Kommunikationskonzepte
Die technologische Unabhängigkeit des Service-Busses ermöglicht den SOA-Teilnehmern eine freie Wahl der eigenen IT-Plattform (eingesetztes Betriebssystem und Programmiersprachen). Um diese Eigenschaft zu unterstützen, muss der Service-Bus die Anpassungen an die Zielsprache ausführen.

Zur Verbindung und Vernetzung der Teilnehmer unterstützt der Service Bus außerdem unterschiedliche Kommunikationskonzepte (asynchron, synchron) und kann verschiedene Protokolle (HTTP, SMTP etc.) verwenden.

Technische Dienste
Neben der Hauptaufgabe, die Kommunikation der SOA-Teilnehmer zu ermöglichen, ist der Service-Bus auch für technische Dienste verantwortlich. Dazu gehören die Protokollie-

rung, Sicherheit, Nachrichtenformatierung und die Verwaltung von Transaktionen.

Abgrenzung zum Software-Bus der Enterprise Application Integration

Das Konzept des Service-Busses sichert dem SOA-Modell einen wesentlichen Vorteil gegenüber der klassischen EAI (Enterprise Application Integration). Der EAI-Ansatz verwendet einen Software-Bus, um zwei Anwendungen der gleichen Technologie miteinander zu verbinden, während der Service-Bus einer SOA aufgrund der technologischen Unabhängigkeit und der Ausrichtung auf Dienste deutlich mehr Flexibilität bietet. Er wird daher als eine Weiterentwicklung des Software-Busses angesehen. Durch neue Konzepte wurde der Service-Bus ergänzt und eliminiert somit die Schwachstellen aus dem EAI-Konzept. Diese bestehen vor allem in der Abhängigkeit von proprietären APIs, uneinheitlichen Entwicklungsverhalten sowie herstellergebundenen Nachrichtenformaten.

An dieser Stelle wird auch der grundsätzliche Unterschied von SOA im Vergleich zu EAI deutlich. Bei EAI liegt der Fokus darauf, autonome Anwendungen miteinander zu koppeln, sodass sich für die Gesamtanwendung sinnvolle Datenverarbeitungsmöglichkeiten ergeben. Bei SOA werden Services lose miteinander gekoppelt und bestehende Systeme sollen möglichst unverändert bleiben. Dabei werden im Speziellen die Services bei einer SOA betrachtet und nicht die Anwendungssysteme.

Ein weiterer Vorteil von SOA gegenüber der EAI ist die Skalierbarkeit des Service-Busses. Das Konzept von EAI basiert auf der Hub-and-Spoke Methode. Wie in Abb 2.15. gezeigt, verbindet der Software-Bus bei dieser Methode eine zentrale Anlaufstelle mit den beteiligten Unternehmensanwendungen.

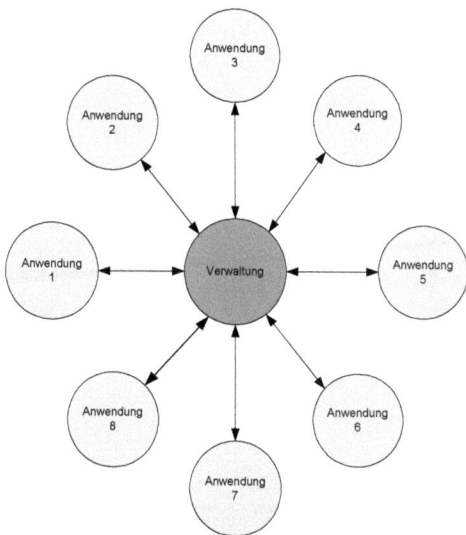

Abb. 2.15: Hub-and-Spoke

Wird in einem solchen Szenario die Anforderung gestellt, weitere Anwendungen in die Anwendungslandschaft zu integrieren, so wird das Gesamtsystem immer unübersichtlicher und dadurch schlechter wartbar. Daraus resultiert eine Trägheit, die sich bei häufigen Änderungen der Funktionen negativ auswirkt.

2.4 Abgrenzung zur Objektorientierten Architektur

Bei der objektorientierten Architektur liegt der Fokus auf dem Verpacken (Kapseln) von Daten und Funktionen. Attribute und Methoden gehören zu einem bestimmten Objekt. In der Abb.

2.16 wird das Konzept der Objektorientierung an einem kleinen Beispiel in Form eines Klassendiagramms gezeigt.

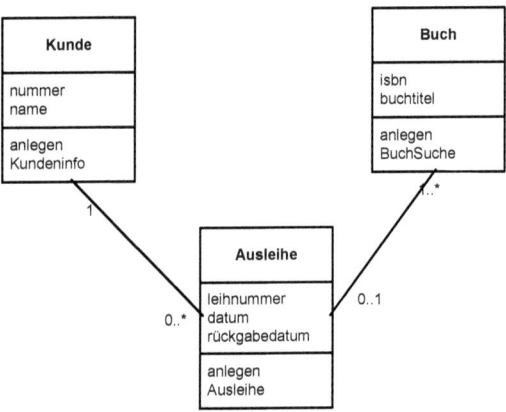

Abb. 2.16: Objektorientierte Modellierung

Das Modell beinhaltet Klassen zur Umsetzung eines Ausleihprozesses, bei dem ein Kunde ein Buch ausleihen kann. Dieses Beispiel wurde im Abschnitt Servicearten des Kapitels 2.3.2.1 bereits als Service-orientierte Variante vorgestellt.

Die Abb. 2.17 verdeutlicht noch einmal im Vergleich das Beispiel im SOA-Design. Beiden Abbildungen zeigen einen wesentlichen Unterschied:

Die SOA orientiert sich im Gegensatz zur Objektorientierung an den Geschäftsprozessen und kann Methoden als Services darstellen, die von allen Elementen einer SOA nutzbar sind [o03]. Im Vergleich dazu besitzen die Klassen im objektorientierten Modell eine Struktur, jedoch keine Semantik. Das heißt, die Klassen können keine direkten Aussagen über die Geschäftsprozesse machen. Services sind hingegen für eine semantische Einordnung geeignet, da sie Prozesse des Unternehmens abbilden können.

2.4 Abgrenzung zur Objektorientierten Architektur

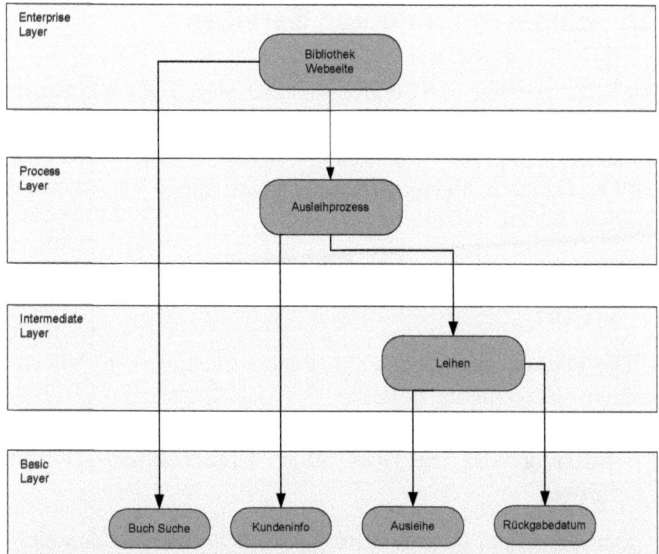

Abb. 2.17: Beispiel SOA Design

Ein wichtiger Vorteil Service-orientierter Architekturen liegt in der Abbildung realer Abläufe durch die strenge Anlehnung an die Geschäftsprozesse. Somit sind ist ein SOA-Design für Mitarbeiter eines Unternehmens verständlich, die nur rudimentär über Kenntnisse der Softwaretechnik verfügen. Besonders den Entscheidungsträgern der IT-fremden Fachbereiche wird somit ein leichterer Zugang zu den Veränderungen in der unternehmenseigenen IT ermöglicht.

2.5 Einsatzgebiete von Services

Die Einsatzgebiete von Services in einer SOA können hinsichtlich verschiedener Kriterien klassifiziert werden. Am sinnvollsten ist die Unterscheidung, von wo aus der Aufruf des Service erfolgt. Dadurch lassen sich zwei grundlegend verschiedene Gruppen bilden:

- **Nutzung von Services** innerhalb **der Unternehmensgrenzen**

  Die Dienste werden ausschließlich firmeninternen Anwendungen zur Verfügung gestellt.

- **Nutzung von Services über Unternehmensgrenzen hinweg**

  Der Aufruf der Dienste erfolgt von einem Client, der außerhalb des eigenen Systems liegt. Hierbei kann wiederum unterschieden werden, ob sich das Angebot nur an bestimmte Nutzergruppen bzw. Partnerunternehmen eines gemeinsamen Extranets richtet (B2B) oder ob durch eine Veröffentlichung der Dienste alle potenziellen Anwender über das Internet angesprochen werden (B2C).

Die Abb. 2.18. zeigt ein mögliches Szenario für die interne Bereitstellung und Nutzung von Diensten durch Service-Clients innerhalb des eigenen Unternehmens. Diverse Clientanwendungen sind über das firmeneigene Intranet lose an eine zentrale Instanz mit Service-Schnittstelle gekoppelt. Diese zentrale Instanz kann ein Service-Bus, wie er im Abschnitt Service-Bus (vgl. Kap. 2.3.7) beschrieben wird, sein.

2.5 Einsatzgebiete von Services

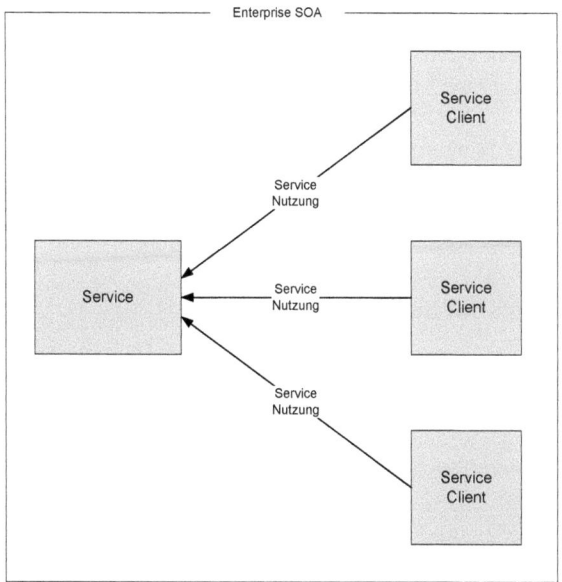

Abb. 2.18: Nutzung von Services innerhalb eines Unternehmens

Dieses Einsatzszenario einer SOA bietet folgende Vorteile:

Sicherheit
Die Kommunikation verläuft innerhalb der Unternehmens-Netzwerke und ist daher vor äußeren Zugriffen geschützt. Die Daten werden nur innerhalb des Intranets bewegt, das durch eine Firewall nach außen abgeschirmt ist. Das Unternehmen hat volle Kontrolle über die Datensicherheit und den Datenschutz.

Zuverlässigkeit
Aus Sicht des Service-Clients ist der Konsum aus dem eigenen bekannten System mit deutlich geringeren Risiken behaftet.

Die Ausfallsicherheit, Erreichbarkeit und Performanz des Systems sind bekannt. Für einzelne Client-Anwendungen können Prioritäten gesetzt werden.

Bei der Nutzung von Services über Unternehmensgrenzen hinweg werden Services außerhalb der Unternehmensgrenzen angeboten oder aufgerufen. Dabei sind im Wesentlichen zwei verschiedene Beziehungstypen zu unterscheiden:

- Business-to-Business
- Business-to-Consumer

In der B2B (Business-to-Business) Beziehung werden eigene Services Partnerunternehmen angeboten oder fremde Dienste werden in der Rolle des Service-Consumers abgerufen (s. Abb. 2.19). Dieses Szenario ermöglicht Collaborative Business, welches die Überwindung von Unternehmensgrenzen bei der Abwicklung von Geschäftsprozessen erzielt. Um SOA-Architekturen im Bereich B2B anwenden zu können, werden hohe Anforderungen bezüglich der eingesetzten Sicherheitskonzepte und Transaktionsverwaltung gestellt.

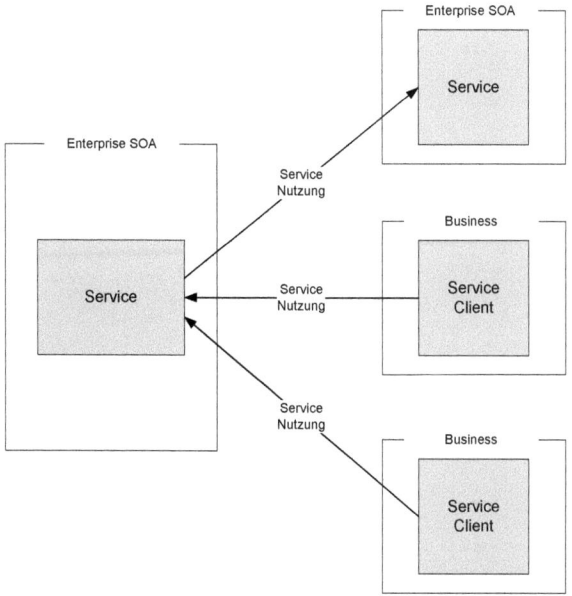

Abb. 2.19: Nutzung von Services im B2B

In der B2C (Business-to-Consumer) Beziehung stellen Unternehmen ihre Dienste öffentlich zur Verfügung (s. Abb. 2.20). Bei den Service-Clients handelt es sich um Anwendungen, die auf Konsumgeräten (Desktop PC, Laptop, Mobiltelefon etc.) von Privatkunden laufen.

36 2 Service-Orientierung

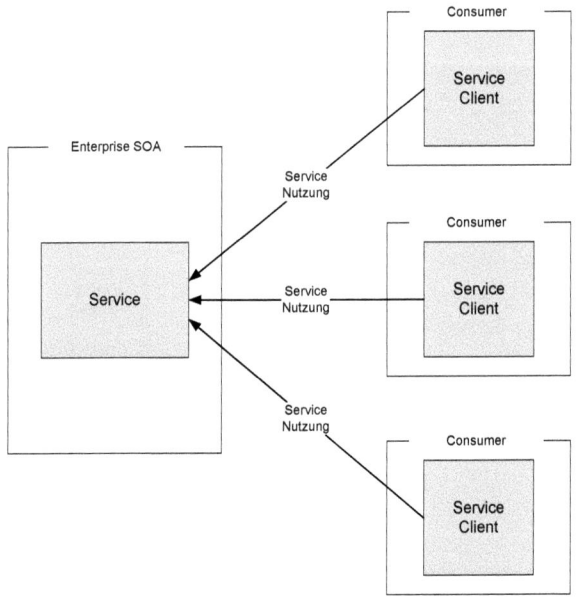

Abb. 2.20: Nutzung von Services im B2C

3 WebServices

Service-orientierte Architekturen werden sehr oft in Verbindung mit WebServices betrachtet. Diese Technologie eignet sich optimal zur Implementierung von Services und unterstützt alle Anforderungen des SOA-Konzepts. Die Services sind für den Grundgedanken der losen Kopplung bestens geeignet. Der Kommunikationsstil ist bei WebServices synchron und das Interaktionsmuster ist nachrichtenbasiert.

Dieses Kapitel geht auf die grundlegende Architektur und die Konzepte von WebServices ein.

Im ersten Abschnitt wird zunächst dargelegt, was unter einem WebService im Allgemeinen verstanden wird. Danach wird die zugrunde liegende WebService-Architektur beschrieben und die Funktion der beteiligten Komponenten erläutert.

Nachdem die allgemeine Vorgehensweise bekannt ist, werden die Standards, welche die technische Basis von WebServices bilden, ausführlich beschrieben.

3.1 Grundlagen

WebServices stellen einen relativ einfachen Weg dar, um vorhandene Daten und Funktionen aus Anwendungen zur Verfügung zu stellen oder von anderen Anbietern abzurufen.

Ein WebService ist als Maschine-zu-Machine-Kommunikation zu sehen [05]. Diese Maschinen sprechen über Web-Standards miteinander. Nachdem ein WebService in einem Programm einmal implementiert wurde, erfolgt die Kommunikation in der Regel automatisch. Daher muss kein Nutzer den WebService steuern. Der End-Anwender auf der Seite des Clients wird nicht bemerken, dass die Anwendung, die er bedient, mit einem WebService kommuniziert. Dieses Prinzip entspricht ebenfalls dem Grundgedanken einer Service-orientierten Architektur.

Da WebServices ausschließlich auf offenen und herstellerneutralen Standards basieren, besteht keine Plattformabhängigkeit beim Konsum eines Dienstes auf der Seite des Service-Konsumenten. Programmiersprachen, die vom Service-Client zur Implementation genutzt werden, müssen lediglich diese Standards unterstützen, was bei den gängigen Sprachen, wie z.B. bei Java oder den .NET-Sprachen gewährleistet ist.

Wie Abb 3.1 zeigt, ist es durch WebServices möglich, vorhandene Informationen aus einem bestehenden System webfähig zu gestalten. Durch Einhaltung von Standards sind viele Interessenten in der Lage, diese WebServices auf verschiedenen Geräten zu implementieren und auch plattformübergreifend zu agieren. Die Art des verwendeten Endgeräts zum Abruf eines Dienstes ist nicht festgelegt. Als Clients zur Anzeige und Verarbeitung der Informationen kommen diverse Geräteklassen wie Notebooks, PDA's, Mobiltelefone oder Navigationsgeräte in Frage.

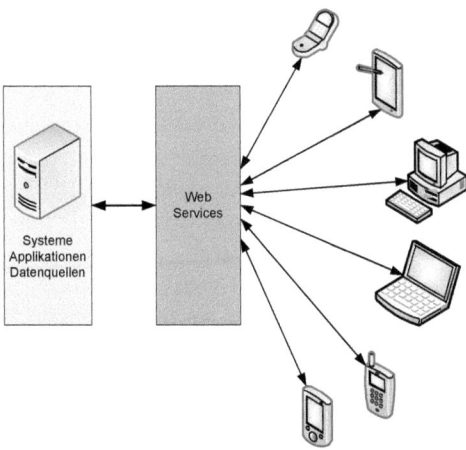

Abb. 3.1: Anwendungsgebiete von WebServices

3.2 Definition

Viele Unternehmen und Organisationen haben sich bereits mit dem Thema WebService befasst und entsprechende Definitionen veröffentlicht. Im Folgenden werden drei Definitionen namhafter Gruppierungen aufgeführt.

Gartner Group
"...a custom end-to-end application that interoperates with other commercial and custom software through a family of XML interfaces (like SOAP, UDDI and WSDL) to perform useful business functions. Although the use of all of these interfaces is not required to meet our definition of Web services, at least one of the interfaces must be used. (The use of SOAP requires XML.)" [o04]

Arbeitskreis Web Services der Gesellschaft für Informatik
„Web-Services sind selbstbeschreibende, gekapselte Software-Komponenten, die eine Schnittstelle anbieten, über die ihre Funktionen entfernt aufgerufen, und die lose durch den Austausch von Nachrichten miteinander gekoppelt werden können. Zur Erreichung universeller Interoperabilität werden für die Kommunikation die herkömmlichen Kanäle des Internets verwendet. Web-Services basieren auf den drei Standards WSDL, SOAP und UDDI: Mit WSDL wird die Schnittstelle eines Web-Services spezifiziert, via SOAP werden Prozedurfernaufrufe übermittelt und mit UDDI, einem zentralen Verzeichnisdienst für angebotene Web Services, können andere Web-Services aufgefunden werden." [o05]

World Wide Web Consortium (Web Service Architecture Working Group)
"A Web service is a software application identified by a URI, whose interfaces and bindings are capable of being defined, described, and discovered as XML artifacts. A Web service supports direct interactions with other software agents using XML based messages exchanged via internet-based protocols." [o06]

Diese Definitionen enthalten oft die gleichen Begriffe wie zum Beispiel WSDL oder UDDI. In den folgenden Abschnitten werden diese und noch weitere Begriffe, die im Zusammenhang mit WebServices stehen, erklärt.

3.3 WebService-Architektur

In Abb. 3.2 wird die grundlegende Architektur eines WebService verdeutlicht und schrittweise der Ablauf von dessen Erstellung bis zum Konsum dargestellt. Die hier in der Übersicht angesprochenen Standards und Vorgehensweisen werden in den folgenden Abschnitten im Einzelnen ausführlich behandelt.

Im ersten Schritt wird der Service vom Provider als eigenständiger Softwarebaustein implementiert, der keine Abhängigkeiten zu anderen Komponenten besitzt (vgl. Abb. 3.2, Punkt 1). Oft werden einzelne Funktionen des bestehenden Systems, wie z. B. festgelegte Berechnungsverfahren, als Service angeboten.

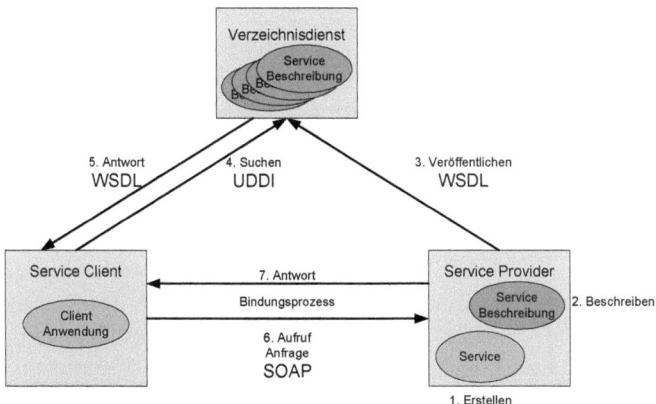

Abb. 3.2: WebService-Architektur

Anschließend erfolgt im zweiten Schritt die Beschreibung des Service, in der die notwendigen Informationen zu seinem enthalten sind.

Der WebService ist bis zu diesem Schritt lediglich dem Provider bekannt. Die Dienstbeschreibung (WSDL) des Dienstes kann in einem zentralen Verzeichnis abgelegt werden (vgl. Abb. 3.2, Punkt 3). Dies ist wie ein „Telefonbuch" oder die „Gelben Seiten" zu sehen. Services werden in dem Verzeichnisdienst (UDDI) katalogisiert und können dort von potenziellen WebService Konsumenten gefunden werden (vgl. Abb. 3.2, Punkt 4).

Wird ein geeigneter Dienst vom Service-Client gefunden, kann die im Verzeichnisdienst eingetragene Dienstbeschreibung abgerufen werden (vgl. Abb. 3.2, Punkt 5). In der Beschreibung sind die nötigen Informationen für den bevorstehenden Bindungsprozess enthalten. Dieser beginnt mit einem Aufruf des Service durch den Client (vgl. Abb. 3.2, Punkt 6).

Stimmen die Beschreibungen überein und liegt kein Netzwerkfehler vor, antwortet der Service-Provider und der Bindungsprozess ist damit beendet (vgl. Abb. 3.2, Punkt 7). Der Service-Client kann ab diesem Zeitpunkt über die Funktionalität des vom Provider angebotenen WebServices verfügen. Die gesamte Übertragung der ausgetauschten Daten zwischen Service-Provider und Client basiert auf dem offenen Protokoll SOAP[1].

In einer Service-orientierten Architektur kann der Einsatz von UDDI entfallen, wenn die Dienste ausschließlich unternehmensintern genutzt werden. Die Funktion des Verzeichnisdienstes übernimmt der Service-Bus, der in Kap. 2.3.7 beschrieben wurde.

---

[1] SOAP wurde bis zur Verabschiedung der Version 1.2 noch mit Simple Object Access Protocol abgekürzt. Dieser Begriff wurde jedoch gestrichen, da in dieser Technologie die Bezeichnung Objekt nicht korrekt ist.

Das gesamte Vorgehen ist auch als lose Kopplung zu verstehen, da keine spezielle Datenbindung sondern nur eine Verbindung über das Internet oder Intranet zwischen den Komponenten vorhanden ist. Ändert sich ein Service oder seine Adresse, wird diese vom WebService-Provider lediglich in der WSDL geändert und dem UDDI bzw. dem Service-Bus bekannt gegeben.

3.4 Spezifikationen und Standards

WebServices sind aus mehreren Standards hervorgegangen. Diese waren teilweise vorhanden, bevor es den Ansatz der WebServices überhaupt gab. Andere wurden speziell für die Definition von WebServices neu entwickelt.

Abb. 3.3 zeigt die grundlegende, technische Architektur von WebServices. Ähnlich dem ISO/OSI-Schichtenmodell werden die elementaren Komponenten in aufeinander aufbauenden Schichten dargestellt, die unterschiedlichen Abstraktionsgraden entsprechen. Die unterste Schicht (Network) bezieht sich auf die physikalische Datenübertragung zwischen dem Service-Provider und dem Service-Client.

Eine Schicht stellt jeweils die benötigten Voraussetzungen für die darüber liegende Schicht dar.

Die Komponenten Packaging, Transport und Network sind elementar und werden für jeden WebService benötigt. Discovery und Description sind optionale Komponenten, die jedoch bei dynamischer Einbindung eines WebService unverzichtbar sind. Für den Einsatz in eine Service-orientierte Architektur sollten sie daher berücksichtigt werden.

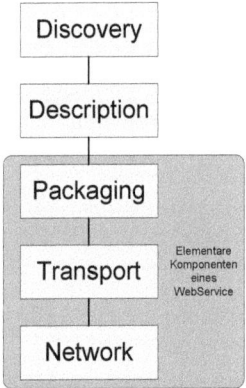

Abb. 3.3: WebService-Stack

Die Komponenten werden im Einzelnen in den folgenden Abschnitten ausführlich beschrieben, wobei auf der höchsten Abstraktionsebene begonnen wird.

3.4.1 Discovery

Verfügbare WebServices werden vom Provider in einem Verzeichnisdienst veröffentlicht, damit potenzielle Anwender Informationen darüber einholen können. Ein öffentlich zugänglicher Verzeichnisdienst ist UDDI (Universal Description, Discovery and Integration). Anbieter können dort kostenlos ihre WebServices registrieren lassen, zu denen sich Anwender wiederum Informationen einholen können.

UDDI wurde von der Organisation OASIS standardisiert und liegt nun in der Version 3.0 vor [o07].

Alternativ zur Veröffentlichung ihrer WebServices im UDDI können Unternehmen eigene, private Verzeichnisdienste erstellen, zu denen der Zugang lizenziert wird. In der Praxis machen viele Anbieter von dieser Möglichkeit Gebrauch, um einen kommerziellen Nutzen aus ihren zur Verfügung gestellten WebServices ziehen zu können. Daher werden die meisten Verzeichnisdienste von den Service-Providern selbst verwaltet.

Die technischen Grundlagen des UDDI und der privaten Verzeichnisdienste sind identisch. Die Schnittstelle zur Kommunikation unterstützt den SOAP-Standard, der in Abschnitt 3.4.3 näher beschrieben wird.

Im UDDI werden drei verschiedene Arten der Informationshaltung unterschieden.

- **White Pages**

Vergleichbar mit einem „Telefonbuch" enthalten diese Seiten Namenseinträge, Anbieter des Service mit diversen Detailangaben sowie Kontaktinformationen wie Telefon/Faxnummer. Die Einträge sind alphabetisch nach dem Namen des Service-Providers sortiert.

- **Yellow Pages**

Diese Seiten sind vergleichbar mit den „Gelben Seiten" einer Region. Sie gliedern WebServices nach bestimmten Kategorien und klassifizieren diese nach dem internationalen Standard UNSPSC (United Nations Standard Products and Services Code) (siehe [o08]). Das UNSPSC-System wird im E-Procurement, insbesondere im amerikanischen Raum, zur unternehmensübergreifenden Klassifikation von Waren und Dienstleistungen aller Art verwendet(vgl. [o09]).

- **Green Pages**

Hier finden sich Informationen über das Geschäftsmodell des Service-Providers, technische Details des angebotenen Web-Services und Auskunft über Geschäftsprozesse.

Eine Service-orientierte Architektur besitzt u. a. die Eigenschaft, Services dynamisch bei Bedarf einzubinden. Für diese reine Maschine-zu-Maschine Kommunikation ist der Verzeichnisdienst unverzichtbar. Der Service-Client kann darin automatisch nach benötigten und verfügbaren WebServices suchen und diese nutzen, ohne dass ein Anwender darauf Einfluss nehmen muss. Werden in der SOA nur unternehmensinterne Dienste genutzt, kann auf einen UDDI-Verzeichnisdienst verzichtet werden. Das Service-Repository übernimmt diese Funktion.

3.4.2 Description

WebServices und die beinhalteten Methoden müssen vom Service-Provider beschrieben werden, damit ein Service-Client sie aufrufen kann. Zur Beschreibung wird der Sprachstandard WSDL (Web Services Description Language) (vgl. [o06]) verwendet. Dieser basiert auf der Auszeichnungssprache XML und ist daher plattform- und protokollabhängig.

Der Begriff WSDL wird allgemein auch für die Dienstbeschreibung eines speziellen WebService verwendet.

Abb. 3.4 enthält eine Übersicht der Elemente einer Dienstbeschreibung (WSDL) und verdeutlicht, welche Informationen zu einem WebService benötigt werden. Die Angaben zum Service und Port ermöglichen dem Client die Lokalisation eines WebServices (Wo?), die Bindung legt die verwendeten Protokolle fest (Wie?) und durch die Elemente PortTyp, Types und Message werden die aufrufbaren Methoden und Datentypen definiert (Was?)

3.4 Spezifikationen und Standards 47

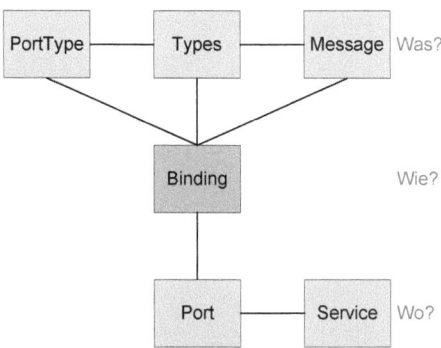

Abb. 3.4: WSDL Elemente

Im Folgenden werden die Elemente einer Dienstbeschreibung ausführlicher betrachtet.

Abstrakte Definitionen

- **Nachrichten (message)**

  Dieses Element enthält eine Beschreibung der Daten, die zwischen dem Service-Client und dem Service-Provider ausgetauscht werden. Das bedeutet, in diesem Abschnitt werden die einzelnen Methoden, die der WebService nach außen zur Verfügung stellt, aufgelistet. Der Client erfährt, welche Eingangsparameter die einzelnen Methoden benötigen, damit sie vom Provider fehlerfrei ausgeführt werden, und welches Format die zurück gelieferte Ergebnismenge besitzt.

- **Datentypen (types)**

  Hier werden die komplexen Datentypen definiert, die in den Nachrichten ausgetauscht werden. Diese setzen sich aus elementaren Datentypen und ggf. weiteren komplexen Datentypen zusammen.

- **PortTyp (portType)**

    In diesem Abschnitt können die einzelnen Nachrichten (Methoden) einem PortTyp des Service zugewiesen werden. Das heißt, hier wird festgelegt, über welchen Port bestimmte Methoden des Service vom Client aufgerufen und die Antworten des Providers gesendet werden.

Konkrete Definitionen

- **Bindung (binding)**

    Dieses Element bestimmt die eingesetzten Protokolle, die zur Kommunikation verwendet werden. Auf der Transportebene wird in der Regel HTTP festgelegt. Die Bindung erfolgt auf Ebene der PortTypes. Das heißt, alle einem PortTyp zugewiesenen Methoden verwenden das gleiche Protokoll zum Transport von Nachrichten. Darüber hinaus wird das Nachrichtenformat (SOAP) für unterschiedliche Methoden eines Service definiert.

- **Service (service)**

    Dieses Element der Dienstbeschreibung legt fest, unter welcher Adresse (URL) der WebService erreichbar ist. Die Angabe stellt damit für den Client den Einstiegspunkt für den Aufruf des WebService dar und bildet die Grundlage für die Kommunikation.

- **Port (port)**

    Diese Angabe ist Bestandteil des Elements Service und gibt den konkreten Port des Service-Providers an, unter dem der WebService zu erreichen ist.

Der folgende Abschnitt enthält als Anschauungs-Beispiel die Dienstbeschreibung des GoogleSearchService [o10]. Der Dienst kann nach einem bestimmten Begriff in Webseiten suchen und gibt eine Ergebnisliste an den Client zurück. Anhand der exemplarischen Inhalte wird auf die Bedeutung der einzelnen Elemente genauer eingegangen und auf wichtige Eigenschaften hingewiesen. Zur besseren Übersicht wird hier nur die von Google bereitgestellte googleSearch-Methode betrachtet.

Abstrakte Definitionen

- **Nachrichten (message)**

```xml
<message name="doGoogleSearch">
  <part name="key" type="xsd:string"/>
  <part name="q" type="xsd:string"/>
  <part name="start" type="xsd:int"/>
  <part name="maxResults" type="xsd:int"/>
  <part name="filter" type="xsd:boolean"/>
  <part name="restrict" type="xsd:string"/>
  <partname="safeSearch"
    type="xsd:boolean"/>
  <part name="lr" type="xsd:string"/>
  <part name="ie" type="xsd:string"/>
  <part name="oe" type="xsd:string"/>
</message>
```

Hier wird die aufrufbare Methode `doGoogleSearch` spezifiziert. Das Element `key` (Schlüssel zur Authentifizierung des Service-Clients) muss als Datentyp `string` an den Anbieter übermittelt werden, sonst wird die Suche nicht ausgeführt. Der WebService gibt in diesem Fall einen Fehler als Antwort zurück, dass nicht alle Parameter angegeben wurden. Bei dem

Parameter `key` ist es naheliegend, dass die Angabe des Authentifizierungsschlüssels eine Mussangabe ist.

- **Datentypen (types)**

```
<types>
<xsd:schema targetNamespace="urn:GoogleSearch">
<xsd:complexType name="GoogleSearchResult">
<xsd:all>
  <xsd:element name="documentFiltering"
    type="xsd:boolean"/>
  <xsd:element name="searchComments"
    type="xsd:string"/>
  <xsd:element name="estimatedTotalResultsCount"
    type="xsd:int"/>
  <xsd:element name="estimateIsExact"
    type="xsd:boolean"/>
  <xsd:element name="resultElements"
    type="typens:ResultElementArray"/>
  <xsd:element name="searchQuery"
    type="xsd:string"/>
  <xsd:element name="startIndex" type="xsd:int"/>
  <xsd:element name="endIndex" type="xsd:int"/>
  <xsd:element name="searchTips"
    type="xsd:string"/>
  <xsd:element name="directoryCategories"
    type="typens:DirectoryCategoryArray"/>
  <xsd:element name="searchTime"
    type="xsd:double"/>
</xsd:all>
</xsd:complexType>
</xsd:schema>
</types>
```

Dieser Ausschnitt enthält die Definition des komplexen Datentyps `GoogleSearchResult`. Das beinhaltete Element searchQuery besitzt den Typ `string`. Im Grunde wird damit erklärt, dass die Suchanfrage ein Zeichensatz sein muss. Andere Datentypen werden nicht unterstützt. Die anderen Elemente werden auf der Homepage der *GoogleSearch API* [o10] detaillierter erläutert.

- **PortTyp (portType)**

```
<portType name="GoogleSearchPort">
  <operation name="doGoogleSearch">
  <input message="typens:doGoogleSearch"/>
  <output message=
  "typens:doGoogleSearchResponse"/>
  </operation>
</portType>
```

In dieser Sektion der WSDL wird die Operationen `doGoogleSearch` an den PortTyp `GoogleSearchPort` gebunden. Die Elemente `<input>` und `<output>` verweisen auf die Operationen, die in dem Nachrichtenabschnitt angegeben wurden (s. Abb. 3.5).

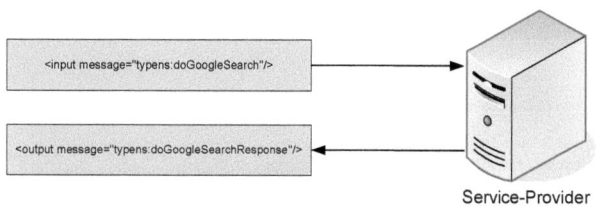

Abb. 3.5: Definitionen der Operationen

Konkrete Definitionen

- **Bindung (binding)**

```
<binding name="GoogleSearchBinding"
 type="typens:GoogleSearchPort">
<soap:binding style="rpc"
tranport="http://schemas.xmlsoap.org/soap/http"/>
<operation name="doGoogleSearch">
<soap:operation soapAction="urn:GoogleSearchAction"/>
<input>
<soap:body use="encoded" namespace="urn:GoogleSearch"
EncodingStyle=
"http://schemas.xmlsoap.org/soap/encoding/"/>
</input>
<output>
<soap:body use="encoded" namespace="urn:GoogleSearch"
encodingStyle=
"http://schemas.xmlsoap.org/soap/encoding/"/>
</output>
</operation>
</binding>
```

Für den PortType `GoogleSearchPort` wird das Transportprotokoll HTTP festgelegt. Das Nachrichtenformat für eingehende und ausgehende Nachrichten ist SOAP.

- **Service (service) und Port (port)**

```
<service name="GoogleSearchService">
  <port name="GoogleSearchPort"
   binding="typens:GoogleSearchBinding">
  <soap:address
   location="http://api.google.com/search/beta2"/>
```

```
  </port>
</service>
```

Der angegebene Service mit dem Namen GoogleSearchService ist unter der Adresse *http://api.google.com/search/beta2* über eine SOAP-Anfrage zu erreichen.

3.4.3 Packaging

Kommunikationspartner müssen sich auf einen Standard zum Austausch der Daten einigen. Das auf XML basierende Protokoll SOAP ist eine der gängigsten Methoden, um Nachrichten über ein Netzwerk auszutauschen. SOAP wurde vom W3C standardisiert und legt fest, wie Daten in einer Nachricht abzubilden und zu interpretieren sind. Es eignet sich sowohl zum einfachen Datenaustausch als auch zum entfernten Aufruf von Prozeduren (RPC Remote Procedure Call).

Das Grundgerüst einer SOAP-Nachricht besteht aus einem Element mit der Bezeichnung `Envelope`. Dieser „Umschlag" beinhaltet die Elemente `<Header>` und `<Body>`. Der Header ist optional und enthält Meta-Informationen über die Verschlüsselung, Routing oder Transaktionsidentifizierung. Im Body sind die Nutzdaten untergebracht.

Im folgenden Beispielquelltext wird eine Anfrage an einen entfernt liegenden Kommunikationspartner gestellt. Es sollen Informationen zu einem Buch mit der `ISBN` 3257228007 in der vom WebService-Provider betriebenen Datenbank gefunden werden. Die Schnittstelle bietet eine Methode `SucheISBN` an, die in dem aktuellen Datenbestand nach dem Titel und dem dazugehörigen Autor des Buches sucht.

SOAP- Suchanfrage an den WebService-Provider:
```
<?xml version="1.0"?>
```

```
<s:Envelope xmlns:s="http://www.w3.org/2001/12/soap-
envelope">
    <s:Body>
        <m:SucheISBN
         xmlns:m="http://www.buchdb.de/soap">
            3257228007
        </m:SucheISBN>
    </s:Body>
</s:Envelope>
```

Die SOAP-Antwort des WebService-Providers könnte wie folgt aussehen:

```
<?xml version="1.0"?>
<s:Envelope xmlns:s="http://www.w3.org/2001/12/soap-
envelope">
    <s:Header>
        <m:AnfrageID
xmlns:m="http://www.buchdb.de/soap">a1d8c108a</m:Anfr
ageID>
    </s:Header>
    <s:Body>
        <m:DBAntwort
xmlns:m="http://www.buchdb.de/soap">
            <m:Isbn value="3257228007">
                <m:Autor> Patrick Sueskind
                </m:Autor>
                <m:Titel> Das Parfum </m:Titel>
            </m:Isbn>
        </m:DBAntwort>
    </s:Body>
</s:Envelope>
```

Die Antwort kann, wie in diesem Fall, einen `Header` einsetzen, der auf eine `AnfrageID` verweist. Im `Body` werden die angefragten Daten übertragen.

Das Beispiel verdeutlicht jedoch auch einen Nachteil der Nachrichtenübertragung mit SOAP. Durch die festgelegte Struktur bildet sich ein Overhead an Meta-Informationen gegenüber den eigentlichen Nutzdaten. Der Service-Client benötigt im Grunde nur die Elemente `<m:Autor>` und `<m:Titel>`. Hieraus entsteht bei beiden Kommunikationspartnern ein verhältnismäßig hoher Aufwand zum Ver- und Entpacken der Nutzdaten. Je nach Anwendungsfall und Anzahl der zusätzlichen Elemente kann dadurch der Kommunikationsfluss gebremst werden. Zukünftige SOAP Versionen bzw. Nachfolge-Technologien versuchen, diese Schwachstelle zu beheben.

SOAP ist kein Protokoll zur physikalischen Datenübertragung, sondern beschreibt vielmehr die logische Struktur zum Packaging der Kommunikationsdaten. Deshalb muss SOAP auf einem physikalischen Netzwerkprotokoll aufsetzen, welches in der Regel das HTTP ist (s. Abb 3.6).

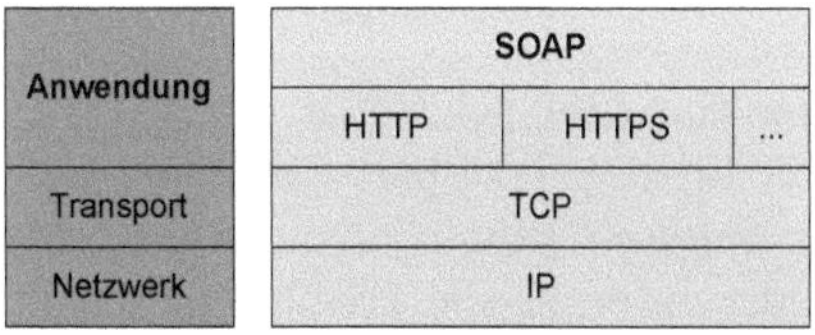

Anwendung	SOAP		
	HTTP	HTTPS	...
Transport	TCP		
Netzwerk	IP		

Abb. 3.6: SOAP-Protokoll Stack

Durch die Einfachheit und den Standard ist die Verpackung der Daten per XML bei WebServices oft die erste Wahl. Jedoch gibt es auch andere Möglichkeiten die Daten zu packen. In Java kann dies mit Serialisierung [o11] und in CORBA mit Marshalling [o12] realisiert werden. Beide Techniken sehen vor, dass Anwendungsobjekte zur Übertragung in einem Bytestrom verpackt werden, und vom Empfänger durch Deserialisierung bzw. Unmarshalling wieder in Objekte umgewandelt werden.

An dieser Stelle wird deutlich, dass die Kommunikationspartner bei diesen Technologien die gleichen Programmiersprachen einsetzen müssen. XML ist dagegen vollständig plattformunabhängig und herstellerneutral, sodass Provider und Client unabhängig voneinander eine Wahl der geeigneten Implementierung treffen können.

3.4.4 Transport

Der Transport der Daten kann über verschiedene Protokolle realisiert werden. Die wohl am häufigsten eingesetzte Methode ist der Transportweg über HTTP. Die Vorteile liegen hierbei in der Flexibilität. Firewalls müssen nicht zwangsläufig umkonfiguriert werden, da das Protokoll HTTP über Port 80 kommuniziert und dieser in den meisten Fällen bereits freigegeben ist. HTTP wird per Standard für den Transport von HTML-Seiten genutzt [o13].

Unabhängig von dem gewählten Transportprotokoll muss ein freier Port für den Transport der Daten vorhanden sein. Versucht der Service-Client über einen gesperrten Port den Service-Provider zu erreichen, kommt erst gar keine Verbindung zustande (s. Abb. 3.7).

Weiterhin sind auch andere Protokolle, wie z. B. SMTP, denkbar, welches standardmäßig über den Port 25 kommuniziert. Das Protokoll ist im Grunde für den Mailversand vorgesehen und wurde ebenfalls durch einen RFC standardisiert [o14].

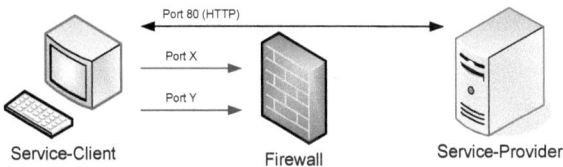

Abb. 3.7: Transport der WebService-Daten

Ein WebService bietet die Möglichkeit, mehrere Protokolle zu unterstützen. Die genaue Angabe über das benutzte Protokoll erfolgt, wie in Abschnitt 3.4.2 beschrieben, in dem Element `<binding>` der WSDL.

3.4.5 Network

Der physikalische Übertragungsweg zwischen den Kommunikationspartnern ist in der Regel TCP/IP, da über diesen Weg auch Protokolle wie HTTP, FTP, SMTP, POP3, Telnet usw. übertragen werden (vgl. Abb. 3.6). Hier werden die Adressen und Routing-Informationen beschrieben.

Jedoch ist es auch ohne weiteres möglich, WebServices über UDP zu übertragen.

3.4.6 Informationsfluss eines WebServices

In den vorigen Abschnitten wurden die einzelnen Komponenten und technischen Standards von WebServices behandelt. Abb. 3.8 zeigt deren gesamten Zusammenhang in einem Standardszenario, wobei jeweils die gängigsten Standards verwendet werden.

58 3 WebServices

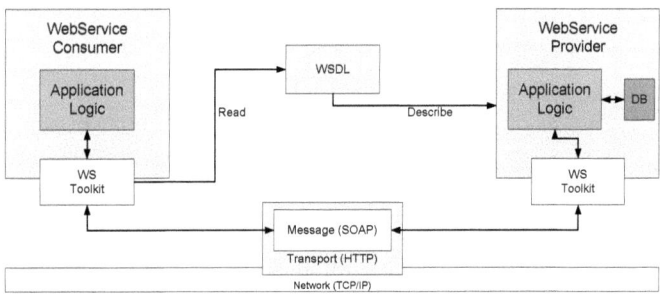

Abb. 3.8: Informationsfluss eines WebServices

Die zentrale Dienstbeschreibung erfolgt durch eine WSDL-Datei, die vom WebService Consumer gelesen wird. Sie beschreibt, wie der WebService Provider zu erreichen ist und was der angebotene Dienst leistet.

Die zwischen den Kommunikationspartnern ausgetauschten Nachrichten entsprechen dem SOAP-Standard und werden über eine HTTP-Verbindung, die auf TCP/IP basiert, transportiert. Nach der erfolgreichen Bindung erfolgt der Informationsfluss in beide Richtungen. Die Applikations-Logik auf den Systemen des Consumer und Provider ist jeweils mit einem WS-Toolkit verbunden, welches die Erstellung der Nachrichten für die Kommunikation ermöglicht. Dieses Toolkit bildet eine Schnittstelle zwischen den jeweils eingesetzten Programmiersprachen der Applikations-Logik und den standardisierten WebService-Komponenten. Eine konkrete Aufgabe beim Einsatz objektorientierter Programmiersprachen ist die Abbildung von Anwendungsobjekten in eine XML-Struktur.

Wie in Abb. 3.8 zu erkennen ist, wird im System des Web-Service Provider die Applikations-Logik in den meisten Fällen mit einem Datenbanksystem (DB) verbunden. Soll dem Consumer eine Abfrage von Daten aus der Datenbank über die WebService Schnittstelle ermöglicht werden, so muss die Applikations-Logik des Providers eine geeignete Methode dafür bereitstellen. Dem Consumer wird so über die WebService Schnittstelle ein indirekter Zugriff auf die Datenbank gewährt.

3.5 Beispiel eines Einsatzgebietes

WebServices sollten dort eingesetzt werden, wo es Sinn macht, Funktionen bzw. Aufgaben einer anderen Instanz zu überlassen. Bei den abgegebenen Aufgaben handelt es sich in der Regel um die Kerngeschäfte dieser Instanz. Dadurch wird eine bestimmte Arbeit ausgelagert und somit den Anbietern überlassen, die fundiertes Wissen über die Lösung des bestimmten Problems besitzen.

Folgendes Beispiel soll den Einsatz von WebServices verdeutlichen. Zu einem vorhandenen Buch sollen weitere Informationen zusammengetragen werden, speziell die Seitenzahl und der Verlag seien dem Buchbesitzer wichtig. Nun hat er mehrere Möglichkeiten, diese Informationen zu beschaffen:

- Er schaut in dem Buch nach, wie viele Seiten es hat und bei welchem Verlag es erschienen ist.
- Es wird eine Quelle „angezapft", welche diese Informationen bereits gespeichert hat. Der Buchbesitzer entnimmt daher die nötigen Angaben dieser Quelle über einen bereitgestellten WebService.

Dieses kleine Beispiel kann als Geschäftsprozess verstanden werden. Vor allem dann, wenn es sich nicht nur um ein Buch handelt, sondern mehrere Bücher katalogisiert werden sollen. In einer Buchhandlung oder einer Bibliothek kann dieser Geschäftsprozess häufiger auftreten. In diesem Fall ist die zweite Vorgehensweise wesentlich effektiver und vermeidet Medienbrüche der Informationen. Dadurch zeigen sich Vorteile der Zeitersparnis und Wiederverwendbarkeit bei einem Einsatz von WebServices.

3.6 Quality-of-Service

Die Vorteile beim Einsatz von WebServices sind in erster Linie durch die Offenheit und Flexibilität der eingesetzten Standards begründet. Nachteile bestehen hauptsächlich in der Zuverlässigkeit sowie fehlenden Sicherheits- und Transaktionskonzepten. Diese Nachteile können jedoch mit weiteren Komponenten aus dem Bereich Quality-of-Service weitgehend eliminiert werden.

Die speziell auf WebServices aufgebauten Produkte basieren allesamt auch auf XML. Der folgende Abschnitt enthält eine Auflistung der wichtigsten Komponenten, die eine Übersicht über den Bereich Quality-of-Service bietet. Auf eine ausführliche Beschreibung aller Komponenten wird an dieser Stelle verzichtet.

- **WS-Addressing**

Dieser von BEA, IBM, Microsoft, SAP und Sun entwickelte Standard wurde an die W3C-Organisation weitergegeben. Er basiert auf SOAP 1.2 und WSDL 2.0.

WS-Addressing ermöglicht eine neutrale Formulierung der Service-Endpunkte, sodass die Übertragung von SOAP Nachrichten durch Firewalls und Gateways unabhängig vom gewählten Transportprotokoll sind und eine direkte Codierung der Informationen in SOAP erfolgt. Ohne Erweiterung des Standards wird der weniger flexiblen Transportschicht überlassen [05].

Diese Erweiterung stellt die Integrität und Vertraulichkeit der Nachrichten eines WebService sicher [o15].

- **WS-Reliability**

Diese zusätzliche Komponente bietet Sicherheitsmechanismen, die beispielsweise Transaktionskontrolle für WebServices ermöglichen [o16].

Der Standard wurde von Sun und Oracle entwickelt und an die OASIS Organization weitergegeben. Ziel ist es, eine garantierte Zustellung der versendeten Nachrichten zu gewährleisten. Der Empfänger der Nachricht bestätigt den Empfang und fragt ggf. verlorene Daten ein weiteres Mal an.

- **WS-Security**

Der Standard wurde von Microsoft, IBM und Verisign entwickelt und an die OASIS Organization weitergegeben. Sicherheit ist eine wichtige Komponente, um WebServices auch für kritische Anwendungen attraktiv zu gestalten. Durch WS-Security werden SOAP Nachrichten signiert und verschlüsselt [o17]. Die Integrität von Service-Client und Service-Provider wird somit unterstützt.

Dies sind nur einige Erweiterungen für WebServices. Die Entwicklungen an Quality-of-Service-Komponenten werden stetig fortgeführt.

3.7 Bewertung

Aufgrund der in den vorherigen Abschnitten beschriebenen Eigenschaften sind WebServices für die im Abschnitt 2.5 beschriebenen Einsatzgebiete von Services unterschiedlich gut geeignet. Gerade im B2B-Bereich ist die Verwendung von

WebServices noch mit Problemen behaftet, während sie sich bei der firmeninternen Nutzung bereits vielfach bewährt hat.

Das grundlegende Konzept, verteilten Anwendungen über diverse Dienste eine standardisierte Web-Schnittstelle zugänglich zumachen, stimmt bis auf die Verwendung offener Standards mit dem Ziel von Middleware Technologien überein. Bei der Bewertung von WebServices bietet sich daher ein Vergleich der verwendeten Standards SOAP, WSDL und UDDI mit Middleware Technologien wie CORBA [o18] und RMI [o19] an.

Ein direkter Vergleich ist dabei allerdings nicht möglich, da sich CORBA und RMI auf ein verteiltes Objektmodell beziehen, WebServices aber auf dem Austausch von Nachrichten basieren. Der Abstraktionsgrad von WebServices ist deshalb höher.

3.7.1 Vorteile

Vorteile im Zusammenhang mit dem Einsatz von WebServices beziehen sich auf die beinhalteten Standards, die Implementierung, den Betrieb und auf den resultierenden betriebswirtschaftlichen Nutzen. Die wichtigsten dieser Vorteile werden im Folgenden aufgezählt:

- **SOAP basiert auf HTTP und ist plattformunabhängig**

Aufgrund der Plattformunabhängigkeit von SOAP und dem zugrunde liegenden HTTP ist auch das Gesamtkonzept von WebServices unabhängig von den eingesetzten System-Plattformen auf den Seiten des Service-Clients und des –Providers, zumindest sofern die Empfehlungen des W3C zur Verwendung des Standards eingehalten werden. Es wird lediglich die Anforderung gestellt, HTTP-Nachrichten zu senden und zu empfangen und das XML-Format zu interpretieren.

Die potenzielle Anwenderzahl wird durch die Plattformunabhängigkeit erhöht, da die Dienste nicht nur von unterschiedlichen Systemplattformen sondern auch von den verschiedensten Gerätetypen abgerufen werden können.
Bei CORBA wird dagegen auf der Client-Seite das Vorhandensein eines ORB (Object Request Broker) vorausgesetzt, für den es nur eingeschränkt Implementationen gibt.

- **SOAP-Nachrichten können Firewalls passieren**

SOAP-Nachrichten über HTTP können Firewalls über den standardmäßigen Port (80) problemlos passieren. Dies ist vor allem bei der firmenübergreifenden Kommunikation im *B2B* Bereich sehr vorteilhaft. Bei CORBA sind die notwendigen Konfigurationsarbeiten dagegen mit hohem Aufwand verbunden. Authentifizierung und Sicherheitskonzepte müssen bei WebServices allerdings zusätzlich implementiert werden (vgl. Abschnitt 3.6).

- **Nachrichtenformat basiert auf XML**

Nachrichten liegen in einer für den Anwender bzw. Entwickler lesbaren Form vor. Dies bringt Vorteile während der Entwicklung und im Fehlerfall mit sich. Darüber hinaus ist das Format flexibel und ermöglicht im Gegensatz zu anderen, festgelegten Nachrichtenformaten wie EDIFACT unkomplizierte Erweiterungen.

- **WSDL Beschreibungen sind ausführlich**

Verglichen mit anderen Schnittstellen-Beschreibungssprachen wie der bei CORBA verwendeten IDL (Interface Definition Language) ist WSDL sehr mächtig und flexibel. Insbesondere ist eine Trennung von unterschiedlichen Bereichen (syntaktischer Schnittstelle, Protokollbindung und Serviceadressen) möglich.

- **WebServices sind durch etablierte Standards zusammengesetzt**

Die Technologien sind nicht neu und haben daher ihre „Kinderkrankheiten" überwunden. Durch die ständige Weiterentwicklung werden die Standards kontinuierlich verbessert.

- **Breite Herstellerunterstützung der Standards SOAP, WSDL und UDDI**

Die Weiterentwicklung der WebService-Standards wird durch die größten Softwareunternehmen und führende Organisationen unterstützt und fördert die Interoperabilität von WebService-Anwendungen. Andere Standards wie CORBA genießen dagegen nicht so breite Unterstützung.

- **Die Implementierung ist unabhängig von Programmiersprachen und –modellen**

WebServices auf der Basis von SOAP machen keinerlei Vorgaben über das Programmiermodell und sind durch die weite Verbreitung von XML sehr leicht in allen relevanten Programmiersprachen realisierbar. CORBA setzt hingegen eine ORB-Implementierung, RMI die Verwendung der Programmiersprache Java voraus.

- **Die Wiederverwendung steht beim WebService an erster Stelle**

Da ein Service eine in sich geschlossene Methode bzw. die Abbildung eines Prozessschritts beinhaltet, kann dieser in beliebigen Anwendungen eingesetzt werden. Dadurch ergibt sich für eine Methode ein hoher Verbreitungsgrad.

- **Der Wartungsaufwand ist durch eine zentrale Verteilung des Service sehr gering**

Durch den Zugriff über die Schnittstelle können Änderungen sehr leicht an zentraler Stelle umgesetzt werden. Auf der Client-Seite müssen keine Updates abgerufen und dann von den jeweiligen Administratoren in mühsamer, zeitaufwendiger Arbeit installiert werden. Dadurch sind enorme Kosteneinsparungen zu realisieren.

- **Durch Integration von WebServices werden Daten webfähig**

Auch Legacy-Systeme können, natürlich mit entsprechendem Aufwand, nachgerüstet werden, damit die Daten auch für entfernte Systeme zugänglich sind.

- **Austausch eines Service ist nicht mit hohen Kosten verbunden**

Sollte sich ein anderer Service-Provider als besserer Partner für den Konsumenten herausstellen, kann ein Wechsel des Providers in technischer Hinsicht sehr einfach geschehen.

- **Outsourcing eines Prozesses an einen Spezialisten ist einfach zu realisieren**

Die Ausführung einzelner Teilaufgaben oder gesamter Geschäftsprozesse kann an einen Spezialisten übertragen werden. Ein Beispiel ist ein Prozess der Finanzbuchhaltung, in dem die Lohnsteuer der Arbeiter berechnet werden soll. Hier können die Methoden zur Lohnsteuerberechnung an einen externen Dienstleister ausgelagert und die Kommunikation per WebServices realisiert werden.

3.7.2 Nachteile

Die Nachteile sind zum Teil allgemeiner Natur und hängen mit dem grundsätzlichen Konzept von WebServices zusammen. Andere Nachteile werden in Zukunft voraussichtlich durch die Weiterentwicklung der Standards und Konzepte behoben werden.

Die gravierendsten Nachteile aber sind:

- **Sicherheitskonzepte sind noch unzureichend**

Wichtige Zusatzfunktionen zur Authentifizierung, zur Umsetzung eines Sicherheitskonzepts sowie zur Transaktions- und Sitzungsunterstützung fehlen in der allgemeinen WebService Spezifikation und müssen mit zum Teil erheblichen Aufwand selbst implementiert werden. Dieser Nachteil kann bereits durch zusätzliche Verwendung der im Abschnitt 3.6 beschriebenen Quality-of-Service-Komponenten ausgeglichen werden.

- **Fehlendes Ressource-Handling**

Es sind keine Methoden zum Ressourcen-Handling - wie Pooling, Garbage Collection oder Aktivierung/Passivierung von Server-Objekten - vorhanden.

- **Overhead bei XML-Nachrichten**

Durch die Verwendung von XML/SOAP entsteht viel Overhead bei der Erstellung und Verarbeitung der Nachrichten, sodass ein Performanceverlust gegenüber anderen Technologien wie CORBA hingenommen werden muss. Das ist vor allem bei hohen Datenvolumen der Fall.

- **Hoher Aufwand bei Legacy-Systemen**

Bei Legacy-Systemen kann der Aufwand zum Umstieg auf WebServices sehr viel höher sein, als der erzielte Nutzen. Es sollte daher im Vorhinein eine genaue Abwägung der Kosten und Nutzen gemacht werden. Dabei ist zu prüfen, ob die Daten wirklich transportierbar bzw. austauschbar sein müssen.

- **Abhängigkeit vom Service-Provider**

Aus Sicht des Service-Client ist die Abhängigkeit vom Service-Provider ein nicht außer Acht zu lassender Punkt. Die Qualität, Zuverlässigkeit und Performance der verwendeten Dienste ist in alleiniger Hand der Provider.

- **Ausfallsicherheit**

Bei verteilten Anwendungen wie auch bei Service-orientierten Architekturen ist Ausfallsicherheit gefragt. Wenn die Verbindung nicht zustande kommen kann – z. B. weil es beim Service-Provider zu einem Systemausfall kommt – muss ein alternativer Dienst die Aufgaben übernehmen. Dadurch erhöht sich der Aufwand des Service-Konsumenten. Im Fall eines Datennetzausfalls auf Seite des Service-Clients kann die Anwendung keine Kommunikation mit den implementierten Services aufnehmen.

4 Service-orientierte Architektur mit WebService

Wie im vorangegangenen Kapitel bereits dargestellt wurde, sind WebServices aufgrund ihres Konzepts und der Standards bestens für den Einsatz in einer Service-orientierten Architektur geeignet. In diesem Kapitel wird die Zusammengehörigkeit von SOA und WebService beleuchtet.

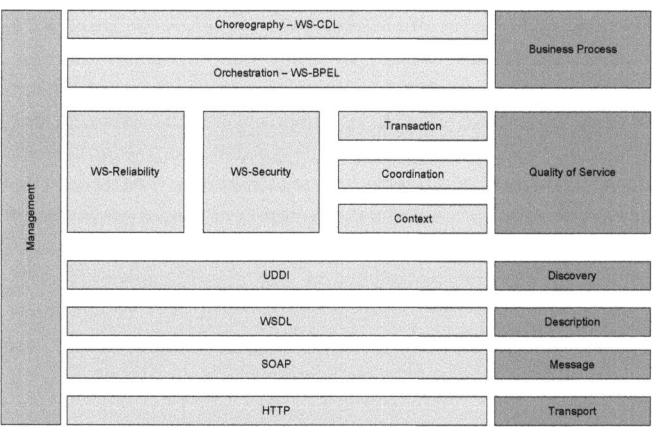

Abb. 4.1: Elemente einer SOA mit WebServices

Die Abb. 4.1 zeigt eine Übersicht über die Komponenten und eingesetzten Standards beim Aufbau einer SOA unter

Verwendung von WebServices. Die Architektur ist in einem Schichtenmodell aufgebaut, wobei die oberste Schicht das höchste Abstraktionsniveau darstellt.

Das Fundament dieser Architektur besteht aus den Spezifikationen und technischen Standards von WebServices, die in Kapitel 3.4 ausführlich beschrieben wurden. Der in Abb. 3.3 dargestellte WebService-Stack umfasst die Elemente Transport, Message, Description und Discovery und legt die damit verbundenen Standards HTTP, XML, SOAP und UDDI fest.

Die Ebene Quality of Service beinhaltet zusätzliche, optionale Erweiterungen wie WS-Security oder WS-Reliability und wurde im Kapitel 3.6 vorgestellt. Diese Erweiterungen gleichen signifikante Mängel von WebServices, wie fehlende Transaktionskontrolle und Sicherheitsdienste aus. Derartige Konzepte sind für eine funktionierende Service-orientierte Architektur nicht zwangsläufig erforderlich, sollten jedoch in Hinblick auf unternehmensübergreifende SOA unbedingt berücksichtigt werden.

Die Ebene Business Process auf dem höchsten Abstraktionsniveau dieses Architektur-Modells ist von entscheidender Bedeutung und realisiert den Kerngedanken des SOA-Konzepts. In diesem Bereich liegt der Fokus auf der Orchestrierung von WebServices, um den Ablauf eines realen Geschäftsprozesses aus mehreren Services zu modellieren. Der Begriff Orchestrierung wird von der musikalischen Begrifflichkeit abgeleitet. Hier werden jedoch nicht Musikinstrumente dirigiert (orchestriert), sondern die erstellten „Instrumente" des Unternehmens eingesetzt - die Services bzw. in diesem Fall die WebServices.

Wie und wann die einzelnen Services zum Einsatz kommen, wird mit der Prozessbeschreibungssprache BPEL festgelegt. Speziell für die Umsetzung mit WebServices wurde die Sprachspezifikation WS-BPEL entwickelt, die im folgenden Abschnitt behandelt wird.

4.1 Choreographie vs. Orchestrierung

An der Abb. 4.1 ist zu erkennen, dass sich im Bereich des Business Process noch ein weiteres Element findet - die Choreography. Hier werden die Aufgaben und das Zusammenspiel der mit BPEL erstellten Prozesse unter dem Aspekt der Zusammenarbeit beschrieben.

Die Choreographie und Orchestrierung stellen zwei ergänzende Ansätze zur Komposition von Geschäftsprozessen dar. In der Abb. 4.2 **Error! Reference source not found.**werden die Zusammenhänge dieser Konzepte grafisch verdeutlicht.

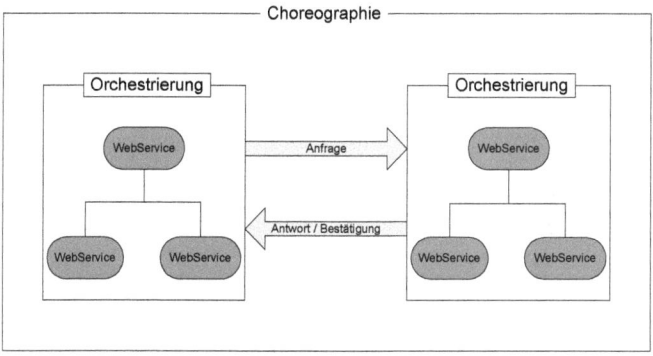

Abb. 4.2: Choreographie und Orchestrierung

Für die Aufgaben im Zusammenhang mit der Choreographie gibt es die standardisierte Sprache CDL (Choreography Description Language). Zur Unterstützung von WebServices in diesem Konzept ist die Beschreibungssprache WS-CDL vom W3C im Jahr 2005 als Standard verabschiedet worden [o20].

4.2 Orchestrierung von WebServices

Der Aufbau einer Service-orientierten Architektur richtet sich in erster Linie nach den etablierten Geschäftsprozessen eines Unternehmens. Um die IT-Prozesse in einer übersichtlichen und standardisierten Form beschreiben zu können, wurde die Sprache BPEL (Business Process Execution Language) entwickelt.

Für den konkreten Einsatz von WebServices eignet sich die auf BPEL basierende Beschreibungssprache WS-BPEL. BPEL sowie auch WS-BPEL basieren auf XML und besitzen somit die gleiche technologische Basis wie WebServices.

Der aktuelle Sprachstandard befindet sich in der Version 2.0 und wurde von der OASIS Organization im April 2007 verabschiedet [o21].

WS-BPEL ist aus dem Nachrichtenaustauschformat für WebServices XLANG von Microsoft sowie aus der ebenfalls WebService-spezifischen Prozessbeschreibungssprache WSFL von IBM hervorgegangen. In der Abb. 4.3 wird die Entstehung und historische Entwicklung der Sprache in einer Zeitreihe veranschaulicht.

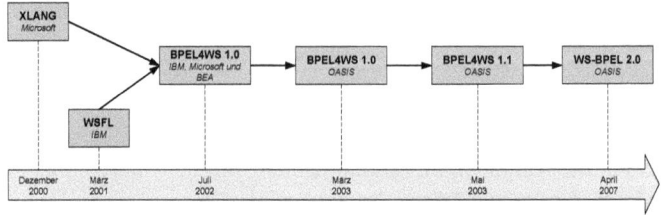

Abb. 4.3: Historie WS-BPEL

Die Prozessabbildungssprache WS-BPEL wird von allen aktuell relevanten SOA-Plattformen der marktführenden Hersteller unterstützt. Hier finden sich auch die Initiatoren dieser Sprache wieder:

- Microsoft .NET
- IBM Websphere
- SAP NetWeaver XI / PI
- Oracle SOA Suite.

Diese Plattformen unterstützen den Sprachstandard BPEL und besitzen jeweils eine Laufzeitumgebung für BPEL Prozesse - BPEL Process Engine - sowie grafische Prozess-Modellierungswerkzeuge. Letztere ermöglichen die übersichtliche Gestaltung von Prozessen und sind dadurch eine große Hilfe sowohl für Entwickler als auch für fachliche Entscheidungsträger (Fachleitung, Management).

Durch die grafische Modellierung wird automatisch der BPEL-Code generiert. Die Process Engine bildet als Laufzeitumgebung eine notwendige Voraussetzung zur Ausführung der erstellten Prozesse.

Ein mit Hilfe von WS-BPEL beschriebener Prozess kann nicht nur WebServices einbeziehen, sondern auch den gesamten Prozess wieder als WebService bzw. WSDL bereitstellen.

4.3 Sprachelemente von WS-BPEL

BPEL sowie WS-BPEL basieren, wie WebServices auch, auf *XML* und sind somit plattformunabhängig.

Ein Prozess beginnt immer mit einem `<process>`-Element. In diesem Bereich sind die grundlegenden Elemente eines Prozesses enthalten, die in dem folgenden Abschnitt aufgezählt und kurz erklärt werden.

Zu den wichtigsten Basisaktivitäten eines WS-BPEL Prozesses gehören die Elemente `<receive>`, `<reply>`, `<invoke>`, `<assign>`, `<compensate>`, `<wait>` und `<exit>`.

`<receive>`

Die Aktivität `<receive>` kennzeichnet in der Regel den Beginn eines BPEL-Prozesses. In diesem Stadium wartet der Prozess auf eine Anfrage eines WebService-Client. Dabei muss das Attribut `createInstance` auf „yes" gesetzt werden. Die Aktivität kann jedoch auch im späteren Verlauf des Prozesses stattfinden. Das ist beispielsweise der Fall, wenn auf die Antwort eines asynchronen Serviceaufrufs gewartet wird.

`<reply>`

Die Antwort wird synchron an den aufrufenden Service zurückgesendet und damit der Prozess beendet. Somit stellen die Aktivitäten `<receive>` und `<reply>` den Anfangs- und Endpunkt eines erfolgreich durchlaufenen Prozesses, der als WebService bereitgestellt wird, dar.

`<invoke>`

Die Aktivität `<invoke>` ist für den Aufruf anderer WebServices, die den Geschäftsprozess unterstützen, zuständig. Dabei können wiederum als WebService angebotene WS-BPEL Prozesse eingefügt werden. Auf diese Weise entsteht eine Verschachtelung der Prozesse.

`<assign>`

Hierbei handelt es sich um eine Zuweisungsaktivität, bei der ein Variablenwert einer anderen Variablen übergeben werden kann. Diese Aktivität kommt zum Einsatz, wenn die Eingabeparameter (`Assign_IN`) eines Serviceaufrufs zu verarbeiten sind. Soll ein Ausgabeparameter übergeben werden, wird ebenfalls die Aktivität `<assign>` genutzt (`Assign_OUT`).

4.3 Sprachelemente von WS-BPEL

`<compensate>`
Für das BPEL-Rollback-Konzept ist die Aktivität `<compensate>` zuständig. Im Fehlerfall kann ein hier festgelegter Aufräumvorgang ausgeführt werden. Die Aktivität löst ein Ereignis aus, das durch einen `<compensationHandler>` aufgefangen wird.

`<wait>`
Durch diese Aktivität kann der Prozess in Wartestellung gehen. Hier werden die genauen Wartezeiten angegeben.

`<exit>`
Die Aktivität `<exit>` beendet den Prozess sofort. Danach kann ein definierter `<terminationHandler>` aufgerufen werden.

Der Umfang des WS-BPEL Sprachstandards umfasst darüber hinaus Struktur-Aktivitäten, mit deren Hilfe die Ablaufsteuerung der Prozesse bestimmt wird. Die wichtigsten Struktur-Aktivitäten sind `<sequence>`, `<flow>`, `<pick>`, `<scope>`, `<while>`, `<foreach>` und `<if>`.

`<sequence>`
Diese Struktur-Aktivität modelliert den allgemeinen Regelfall des Prozessablaufs. Alle Aktivitäten in einer `<sequence>` werden sequenziell abgearbeitet.

`<flow>`
Im Gegensatz zur Aktivität `<sequence>` ermöglicht `<flow>` eine Parallelverarbeitung der einzelnen Prozessstränge innerhalb des eingeschlossenen Bereiches.

`<pick>`
Der Prozess wartet auf das Eintreffen unterschiedlicher Nachrichten. Dies kann der Fall sein, wenn die Prozessinstanz einen asynchronen Serviceaufruf gestartet hat und nun mittels `<pick>` auf die eintreffende Antwort wartet.

`<scope>`
Durch diese Gliederungsaktivität wird der Prozess in unterschiedliche Abschnitte aufgeteilt.

`<while>`
Bedingte Wiederholung analog zur *while-Scheife* aus verschiedenen Programmiersprachen (z. B. Java).

`<foreach>`
Diese Aktivität modelliert eine *for Schleife*, welche die wiederholte Ausführung mehrerer `<scopes>` erlaubt.

`<if>`
Verzweigung analog zur *if Anweisung* in verschiedenen Programmiersprachen (z. B. Java)

Damit ein Prozess auf Ereignisse reagieren kann, beinhaltet BPEL die Handler `<eventHandler>`, `<faultHandler>`, `<compensationHandler>` und `<terminationHandler>`.

`<eventHandler>`
Das Element modelliert Reaktionen auf allgemeine Ereignisse. Diese können beispielsweise beim Ablaufen eines Zeitintervalls ausgelöst werden.

`<faultHandler>`
Eine hier definierte Fehlerbehandlung wird ausgeführt, wenn ein Fehler im Prozessablauf auftritt. Dieser Fehler kann

durch die Aktivität `<rethrow>` an eine globale Instanz zum Fehlerhandling weitergeleitet werden.

`<compensationHandler>`
Dieser Handler zur Implementierung des Rollbacks wird durch die Aktivität `<compensate>` aufgerufen.

`<terminationHandler>`
Der Handler stellt die letzte Instanz vor der Terminierung eines Prozesses dar. Er wird von der Aktivität `<exit>` ausgelöst.

Die Abb. 4.4 zeigt ein grafisches Beispiel zur Verwendung von Basis-Elementen des WS-BPEL Sprachstandards aus einem rein technischen Blickwinkel. Anhand dieses Beispiels wird das Zusammenspiel der wichtigsten WS-BPEL Prozess-Elemente beschrieben und die Nachrichtenflüsse über definierte Kommunikationswege verdeutlicht.

Das Beispiel zeigt die Interaktion zweier WebServices im Rahmen eines Prozesses. Alle verbundenen Dienste – diejenigen die der Prozess selbst aufruft und diejenigen, von denen er wiederum aufgerufen wird - müssen über ein `<partnerLink>` Element deklariert werden. Der `partnerLink` definiert somit die Verbindung zum beteiligten Service. Er ist eine konkrete Ausprägung eines definierten `partnerLinkType`, der für die Kommunikation zwischen den `portTypes` der WSDL zuständig ist.

Die `partnerLinkTypes` können mehrere Rollen enthalten. Diese sollten aussagekräftige Namen besitzen (z. B. MwSt-Berechnung).

Das Beispiel aus der Abb. 4.4 verdeutlicht, wie der Web-Service auf der linken Seite einen anderen Dienst über einen `partnerLink` einbindet und aufruft (`invoke`) und zusätzlich die Basisaktivitäten `receive`, `pick` und `reply` ausführt.

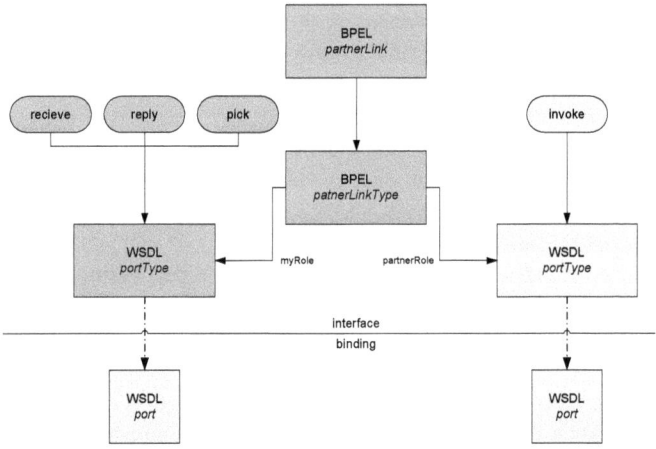

Abb. 4.4: Elemente und Kommunikationswege von WS-BPEL

Der folgende Abschnitt enthält ein Beispiel für die WS-BPEL Prozessbeschreibung. Der Beispiel-Prozess verdeutlicht die vorangegangene Beschreibung der relevanten Sprachelemente von WS-BPEL. Darüber hinaus werden die Möglichkeiten von grafischen Modellierungswerkzeugen zur Generierung von WS-BPEL Quelltext vorgestellt.

4.4 Modellierung von Prozessen mit WS-BPEL

Nachdem die Elemente eines WS-BPEL Prozesses im vorhergehenden Kapitel erklärt wurden, fokussiert sich dieser Abschnitt auf die Umsetzung. An einem Beispiel werden verschiedene Perspektiven auf eine Prozessbeschreibung dargestellt.

4.4 Modellierung von Prozessen mit WS-BPEL

Das Beispiel [o22] in Abb. 4.5 zeigt, wie ein Anwender (User) einen Dienst mit der Bezeichnung LoanRequestor nutzt. Dieser Service spricht einen anderen Service (LoanProcessor) an, der die Geschäftslogik enthält. Der Service LoanProcessor gibt eine positive oder negative Antwort zurück an den Service LoanRequestor. Dieser gibt die Antwort wiederum an den Anwender zurück. Die einzelnen Schritte stellen den Ablauf eines Geschäftsprozesses dar, bei dem der Benutzer eine Anfrage zur Lohnerhöhung stellt und diese entweder angenommen oder abgelehnt wird.

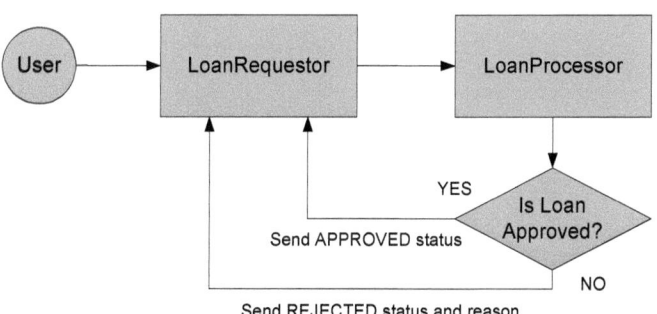

Abb. 4.5: Beispiel Geschäftsprozess

Dieses Beispiel wird im Folgenden aus mehreren Perspektiven der Modellierung veranschaulicht. Dabei nimmt das Abstraktionsniveau von der grafischen über die schematische bis zur Quelltext-Modellierung ab.

Grafische WS-BPEL Modellierung

Mit steigender Anzahl der Aktivitäten in einem Prozess nimmt die Übersichtlichkeit der WS-BPEL Quelltexte immer mehr ab. Aus diesem Grund beinhalten verschiedene Integrierte Entwicklungsumgebungen (IDE) grafische Werkzeuge für die Erstellung von BPEL Prozessen. Die Abb. 4.6 zeigt ein

Beispiel für die Prozessmodellierung mit der frei verfügbaren Entwicklungsumgebung Netbeans 5.5 [o23]. Dabei ist darauf zu achten, dass das optionale Add-on Enterprise Pack ebenfalls installiert sein muss [o24].

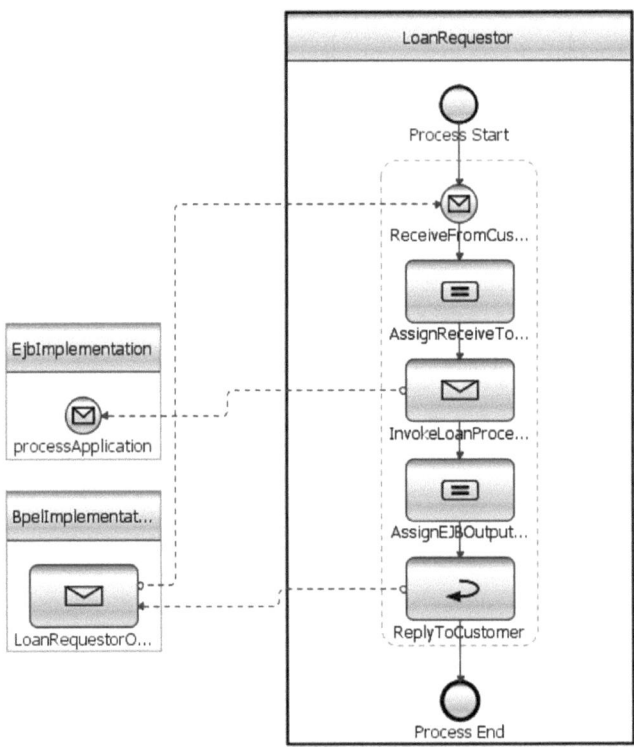

Abb. 4.6: WS-BPEL mit Netbeans 5.5

Die Abb. 4.6 zeigt die Ansicht eines erstellten Prozesses mit der Bezeichnung `LoanRequstor`. Der Start- und Endpunkt sind automatisch vorhanden.

4.4 Modellierung von Prozessen mit WS-BPEL

In der Palette auf der rechten Seite sind die BPEL-Aktivitäten zu erkennen. Diese werden per *Drag&Drop* zwischen Process Start und Process End gezogen und durch Festlegung der Eigenschaften mit den nötigen Informationen gefüllt.

Der Prozess enthält eine Struktur-Aktivität `<sequence>`, die damit einen sequenziellen Ablauf festlegt.

Die Elemente `EjbImplementation` und `BpelImplementation` stellen `PartnerLinks` des Prozesses dar. `BpelImplementation` steht für einen Service, durch den der Prozess angestoßen wird. Dieser übergibt dem Prozess - im Anfangsstatus `<receive>` - eine Nachricht zur Initialisierung. Danach werden die übergebenen Werte mit der Aktivität `<assign>` eigenen Variablen zugewiesen zugewiesen. Die Aktivität `<invoke>` nutzt den zweiten involvierten Service EjbImplementation. Dabei handelt es sich um die benötigte Geschäftslogik.

Die Daten werden berechnet und in einer Nachricht an den Prozess gesendet, der wieder per `<assign>` das Mapping auf die eigenen Variablen durchführt.

Die Aktivität `<reply>` gibt den berechneten Wert an den aufrufenden Dienst `BpelImplementation` wieder zurück.

Der gesamte Prozess `LoanRequestor` ist damit als Web-Service für Service-Consumer verfügbar. Den Anwendern bleibt der Vorgang innerhalb des Prozesses verborgen, Sie müssen sich nur um die korrekte Implementation der Web-Services auf ihrem System kümmern.

Schema WS-BPEL

Das hier beschriebene XSD-Schema zeigt die Struktur des WS-BPEL Prozesses und legt die Elemente der XML-Datei nach der WS-BPEL Sprachspezifikation fest. Die folgenden Abbildungen 4.7 und 4.8 dienen zum Verständnis der Umsetzung der grafischen WS-BPEL Modellierung auf XML-Quellcode und stellen somit einen logischen Zwischenschritt dar.

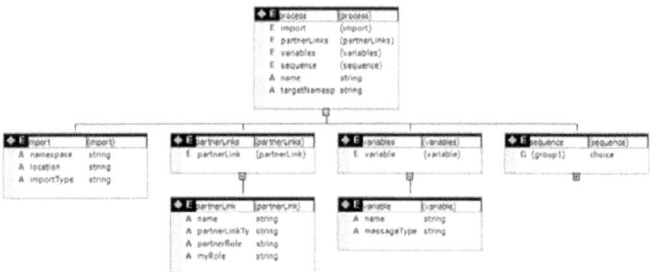

Abb. 4.7: Schema WS-BPEL Beispiel

Auf der obersten Ebene setzt sich der Prozess aus den Elementen `import`, `partnerLinks`, `variables` und `sequence` zusammen (vgl. Abb. 4.7). Dabei enthalten die ersten drei Elemente statische Informationen, die für den Prozessablauf benötigt werden.

Der eigentliche Prozess wird in dem Element `<sequence>` modelliert, dessen Detailansicht in Abb. 4.8 veranschaulicht wird.

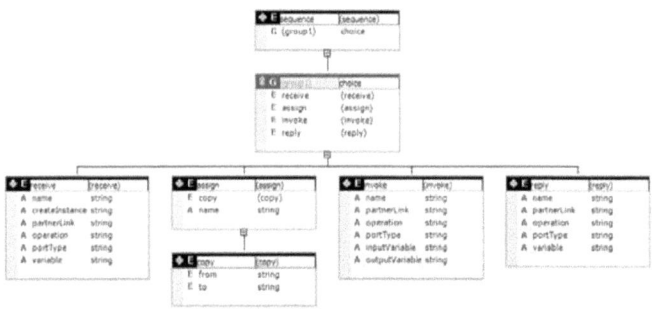

Abb. 4.8: Schema WS-BPEL Beispiel Sequence

In der Struktur-Aktivität `<sequence>` finden sich die eingefügten Basisaktivitäten wieder, die in der grafischen

Modellierung aus Abb. 4.6 den Ablauf des Geschäftsprozesses bilden. Die `sequence` enthält die Basisaktivitäten `<receive>`, `<assign>`, `<invoke>` und `<reply>`.

Es ist zu beachten, dass das hier dargestellte Schema nicht den Prozessablauf sondern nur die Struktur der WS-BPEL Datei definiert. Durch die mit einem blauen Rahmen gekennzeichnete Gruppe `choice` ist festgelegt, dass die Elemente `<receive>`, `<assign>`, `<invoke>` und `<reply>` jeweils mehrmals in beliebiger Reihenfolge Unterelemente des `<sequence>`-Elements sein können.

Quelltext WS-BPEL Beispiel

Der durch die grafische Modellierung erstellte WS-BPEL Prozess wird in diesem Abschnitt als XML-Quelltext dargestellt. Das Format der XML-Datei entspricht den strukturellen Vorgaben des in der vorangegangenen Perspektive vorgestellten XSD-Schemas. An dieser Stelle wird lediglich der relevante Ausschnitt des vollständigen Quelltexts zum Beispiel aufgeführt, da der Inhalt der gesamten XML-Datei mehrere Seiten füllen würde[1].

```
<?xml version="1.0" encoding="UTF-8"?>
<process
    name="ProzessName"
    targetNamespace="http://namespace"
    xmlns=
"http://schemas.xmlsoap.org/ws/2004/03/business-
process/"
    xmlns:xsd="http://www.w3.org/2001/XMLSchema"
xmlns:bpws="http://schemas.xmlsoap.org/ws/2004/03/bus
iness-process/">
    <import namespace="http://service.sun.com/"
```

---

[1] Der gesamte Quelltext ist im Anhang dieses Buches zu finden.

```xml
     location="..../service.wsdl" import-
Type="http://schemas.xmlsoap.org/wsdl/"/>
    <partnerLinks>
        <bpws:partnerLink name="…." partnerLink-
Type="…" partnerRole="……."/>
        <bpws:partnerLink name="......" partnerLink-
Type="......." myRole="......."/>
    </partnerLinks>
    <variables>
        <bpws:variable name="variablenName" mes-
sageType=".........."/>
    </variables>
    <sequence>
        <bpws:receive name="ReceiveName" createIn-
stance="yes" partnerLink="......."
           operation="......." portType="......" vari-
able="........"/>
        <bpws:assign name="AssignName">
            <bpws:copy>
                <bpws:from>......</bpws:from>
                <bpws:to>........</bpws:to>
            </bpws:copy>
        </bpws:assign>
        <bpws:invoke name="InvokeName" partner-
Link="......" operation="......" portType="......"
           inputVariable="......." outputVari-
able="......"/>
        <bpws:assign name="AssignName2">
        </bpws:assign>
        <bpws:reply name="ReplyName" partner-
Link="......" operation="......" portType="....."
variable="......."/>
    </sequence>
</process>
```

Das beschriebene Prozessbeispiel verdeutlicht die Vorteile, welche die grafischen Modellierungswerkzeuge mit sich bringen:

- Komfort für die Entwickler,
- Zeit- und Kostenersparnis,
- Übersichtlichkeit über die Prozessaktivitäten,
- Kontrolle über komplexe Modelle,
- Dokumentationscharakter,
- Präsentationscharakter.

5 SOA Governance

Nachdem die allgemeinen Konzepte von SOA und die technologische Umsetzung mit WebServices beschrieben wurden, liegt der Fokus in diesem Kapitel auf den Aufgaben innerhalb eines Unternehmens, die darüber hinaus notwendig sind, um eine Service-orientierte Architektur erfolgreich einzuführen und danach weiterhin reibungslos im operativen Geschäft zu betreiben.

Damit dieses Ziel erreicht werden kann, müssen Regeln zur Einhaltung von standardisierten Vorgehensweisen erstellt und überwacht werden. Diese strategische Aufgabe übernimmt die SOA Governance (Regierungsführung). Sie ist das Kontrollorgan in einer funktionierenden Service-orientierten Architektur. Besonders durch die engen Beziehungen zwischen der technischen und betriebswirtschaftlichen Sichtweise auf eine SOA ist eine solche Instanz unerlässlich.

Im Folgenden werden die grundlegenden Konzepte zusammengefasst und ein grober Einblick in die SOA Governance ermöglicht. Ziel ist es, abschließend einen praktischen Bezug zur betriebswirtschaftlichen Sichtweise herzustellen und die Interoperabilität zwischen Fachbereich und IT darzustellen.

5.1 Positionierung der SOA Governance im Unternehmen

Eine Governance (Richtlinienkontrolle) wird im Allgemeinen definiert als:
"The art and discipline of managing outcomes consistent with measurable preconditions and expectations through structured relationships, procedures, and policies applied to the organization and utilization of distributed capabilities that may be under the control of different ownership domains." [o25]

Diese Definition lässt sich im Speziellen auf die Governance in einem Unternehmen anwenden. Abhängig von der Zielsetzung und dem Aufgabenbereich lassen sich verschiedene Gruppen der Governance bilden.

Für die allgemeine Informationstechnik ist die IT-Governance zuständig. Die Aufgaben sind Organisation, Steuerung, und Kontrolle der IT des Unternehmens unter Berücksichtigung der Unternehmensstrategie. Eine Governance arbeitet daher eng mit dem Management zusammen, um eine bessere Ausrichtung der IT an die Geschäftsfunktionen eines Unternehmens zu ermöglichen (Business IT-Alignment) und Risiken der IT erkennen, beurteilen und lösen zu können (Risk Management).

Die SOA Governance ist ein Bestandteil der IT Governance (vgl. Abb. 5.1). Ihr Aufgabenbereich begrenzt sich auf die Service-orientierte Architektur, die in einem Unternehmen eingesetzt wird.

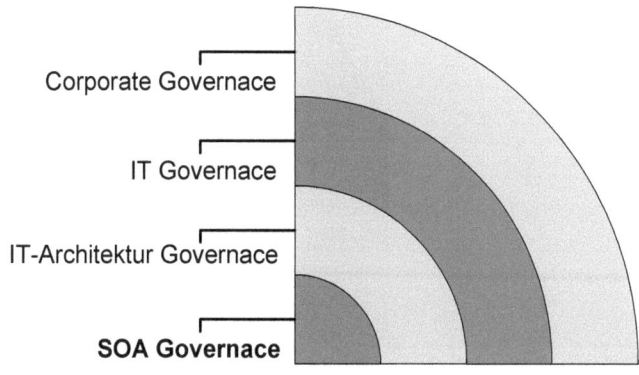

Abb. 5.1: Positionierung der SOA Governance

5.2 Organisatorische Ebenen der SOA Governance

Da die Einführung und der Betrieb einer SOA nicht einem bestimmten Projekt zugeordnet werden können, sondern durch die Integration und Wiederverwendung unternehmensweit beachtet werden müssen, wird eine zentrale Instanz zur Koordination und Budgetierung benötigt.

Die SOA Governance wird aufgrund ihrer Vielschichtigkeit und unternehmensweiten Gültigkeit aus mehreren Sichtweisen betrachtet (vgl. Abb. 5.2). Man unterscheidet dabei zwischen einer strategischen, operativen und technischen Betrachtung. Dabei nehmen die Komplexität und der Detaillierungsgrad der Richtlinien zwischen den Ebenen kontinuierlich zu, während gleichzeitig das Abstraktionsniveau der Richtlinien sinkt.

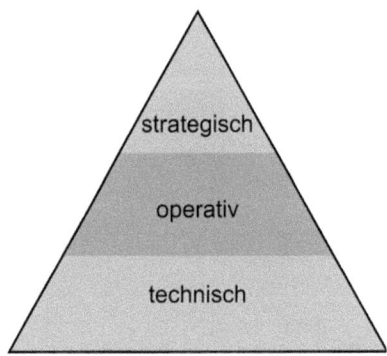

Abb. 5.2: Sichten der SOA Governance

Strategische Sicht
Auf dieser Ebene der SOA Governance findet ein enger Kontakt und Austausch mit dem Management statt. Die primären Aufgaben bestehen in der Analyse und Zerlegung der Wertschöpfungskette des Unternehmens und in der Bildung von Business Domains. Das Leitmotiv ist die Erreichung der Unternehmensziele durch effektivere und neuartige Gestaltung der Geschäftsprozesse, beispielsweise durch die Auslagerung von IT Funktionen (IT Business Process Outsourcing).

Operative Sicht
In dieser Betrachtung werden die operativen Abläufe, die im Zusammenhang mit der eingesetzten SOA stehen, analysiert. Die Zielsetzung besteht dabei in der Optimierung einzelner Geschäftsprozesse des Unternehmens. Es findet ein enger Kontakt zum mittleren Management statt.

Technische Sicht
Auf dieser Ebene der SOA Governance werden technische Richtlinien zur SOA-Nutzung festgelegt. Es herrscht ein enger Kontakt sowohl zu der IT als auch dem Fachbereich (Vermitt-

lerrolle). Ziel dieser Stufe ist die Optimierung der Verwaltung von IT Services und Assets, die wiederum mehrere Services zusammenfassen.

5.3 Aufgaben der SOA Governance

Um den von einem SOA-Einsatz erwarteten Mehrwert zu erreichen, muss die SOA Governance Regeln zur Steuerung des Gesamtprozesses einführen und alle Beteiligten über die neuesten Entwicklungen informieren. Zu den Beteiligten gehören im Allgemeinen die IT und die betriebswirtschaftlichen Fachbereiche sowie das mittlere und höhere Management.

Die Governance dient gemäß dieser Aufgabe als unternehmensweites Kommunikations- und Vermittlungsorgan bezüglich Fragestellungen zur SOA. In der Kommunikation ist es von zentraler Bedeutung, eine gemeinsame Sprache zu finden, in der die meisten Fachtermini aller Seiten eliminiert werden und dadurch eine reibungslose Umsetzung ermöglicht wird.

Zu den konkreten Aufgaben einer SOA Governance gehören
- Definieren der SOA relevanten Organisationsstrukturen (Business Domains),
- Schaffung einheitlicher Vorgaben zur Service-Erstellung (Standardisation),
- Überwachung von geltenden Richtlinien (Monitoring).

Viele Probleme, die im Zusammenhang mit größeren Unternehmen und einer damit verbundenen geringen Transparenz stehen, werden durch die Einführung einer Governance vermieden. Nachteile und Probleme versucht die Governance zu mindern, indem einheitliche Richtlinien - von der logischen Aufteilung der Prozesse in Services über die Implementierung bis hin zum Einsatz - erstellt und überwacht werden. Die strikte Regelung, bereits erstellte Services wiederzuverwenden, ist dabei nur einer von vielen wesentlichen Aspekten.

Die klassische Methode, Unternehmensziele durch den Einsatz von IT-Anwendungen zu erreichen, unterliegt kaum strikten Richtlinien. In vielen Unternehmen sind auf diese Weise monolithische und komplexe IT-Anwendungslandschaften gewachsen. Die zugrunde liegende Vorgabe, mit möglichst geringem Aufwand ein vorgegebenes Ziel in möglichst kurzer Zeit zu erreichen, führt zu diversen Nachteilen und Problemen: Trägheit der Systeme, hoher Wartungsaufwand, statische Systeme, mangelnde Integration der Komponenten, Mehrfach-Implementation von Funktionen, redundante Geschäftsvorgänge und keine standardisierten Vorgänge zur Änderung bzw. Erweiterung.

Durch den Grundgedanken der Service-orientierten Architektur, IT-Funktionalitäten in einzelne geschäftsorientierte Serviceblöcke aufzuspalten, um damit komplexe Strukturen aufzulösen, stellt einen neuen Ansatz dar, diese Probleme zu vermeiden. Dabei spielt die SOA Governance eine wesentliche Rolle.

5.4 Governance im SOA-Service-Lifecycle

Governance plant und überwacht eine SOA durch die Festlegung von Richtlinien (*Policies*), welche sowohl für eine erfolgreiche Einführung als auch den anschließenden, operativen Betrieb gelten und eingehalten werden müssen. Eine Governance begleitet enthaltene Dienste dabei über ihren gesamten Lebenszyklus – von ihrer Erstellung bis hin zur möglichen Ausgliederung. Wie in der Abb. 5.3 (s. [o26]) zu sehen ist, beziehen sich die vier Phasen im Leben eines SOA-Service auf die Tätigkeiten Modellieren, Assemblieren, Implementieren und Verwalten.

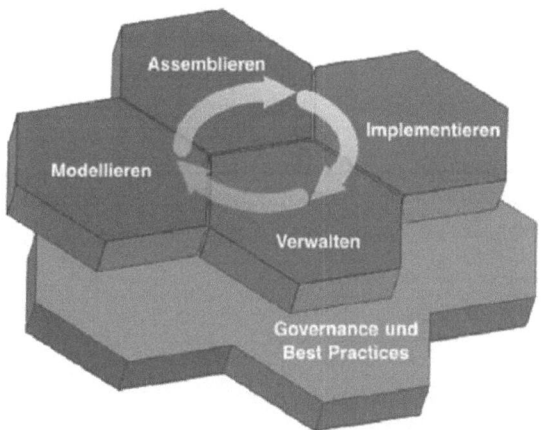

Abb. 5.3: SOA Service Lebenszyklus

Modellieren
In dieser Phase werden die Anforderungen an den Service erfasst und die zu unterstützenden Geschäftsprozesse bestimmt.
Assemblieren
Bei der Assemblierung werden die Services entwickelt oder aus bereits vorhandenen Services assembliert.
Implementieren
Während der Implementierungsphase werden die entwickelten Services in die Service-Landschaft eingebracht.
Verwalten
In der Verwaltungsphase sind die Services in einer Verwaltungsinstanz (Service-Repository) vorhanden und beschrieben. Im laufenden Betrieb werden die Services überwacht, Ände-

rungen oder Erweiterungen können vorgenommen werden oder ein Dienst kann u. U. gelöscht werden.

Die SOA Governance begleitet jeweils diese Phasen eines Service durch Richtlinien, Vorgaben (Best Practise) und standardisierte Vorgehensmethoden mit den Aktivitäten Planen, Definieren, Aktivieren und Messen. Das heißt, jede Station des SOA-Service-Lifecycle wird von einer bestimmten Phase der Governance unterstützt. Dabei müssen für jeden Abschnitt eigene Regelkataloge (Policies) erstellt werden.

Abb. 5.4 (s. [o27]) verdeutlicht, wie der Service-Lebenszyklus von der Governance begleitet wird.

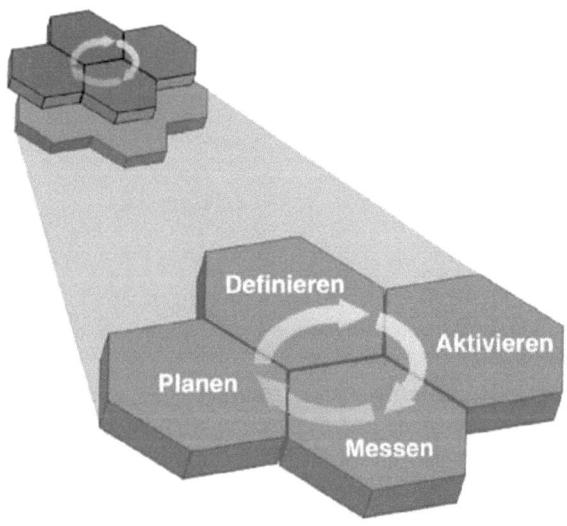

Abb. 5.4: SOA Governance Lebenszyklus in Bezug auf SOA-Services

5.4 Governance im SOA-Service-Lifecycle

Im folgenden Abschnitt werden die Phasen der SOA Governance in Bezug auf den Lebenszyklus eines SOA-Services kurz vorgestellt und die wichtigsten Aufgaben genannt.

Planen
Die Planungsphase ist der erste Schritt zur Einführung eines neuen Dienstes in eine SOA und begleitet die Modellierung des Dienstes. Hierbei ist zu untersuchen, in welchen Geschäftsbereichen der Service erfolgreich eingesetzt werden kann.

Definieren
Nachdem die Planung abgeschlossen ist, folgt die Phase der Definition eines Service. Zur detaillierten Beschreibung gehören die notwendigen technologischen Komponenten des Service sowie die Angabe des Einsatzzwecks.

Es kann zum Beispiel der Einsatz von WebServices beschlossen werden und festgelegt werden, dass die Dienst-Beschreibung in einer bestimmten Form erstellt werden muss.

Des Weiteren beinhaltet die Phase die genaue Definition des Service-Level-Agreement (SLA), in dem die Güte des Services genauer beschrieben wird (Verfügbarkeit, Datendurchsetzung etc.).

Aktivieren
Die Aktivierungsphase ist die wichtigste Phase. Hier greifen die zuvor geplanten und definierten Governance-Richtlinien, die sich sowohl auf die technischen als auch die organisatorischen Aufgaben beziehen. Bezogen auf den SOA-Service-Lifecyle findet in dieser Phase die Implementierung des Dienstes – d. h. die Einstellung in die Servicelandschaft (Deployment) – statt.

Messen
In dieser Phase werden die Governance-Richtlinien gemessen. Die Messergebnisse werden gesammelt und analysiert.

Durch die genaue Betrachtung der Ergebnisse ist es möglich, Schwachstellen der Richtlinien aufzudecken und neue Impulse für die nächste Iteration des SOA Governance-Lifecycle zu geben.

Dieses Vorgehen ermöglicht eine kontinuierliche Kontrolle und Verbesserung der Governance-Richtlinien und der Qualität einer Service-orientierten Architektur. Aus diesem Grund ist es bei der Einführung einer SOA sinnvoll, mit kleinen Projekten anzufangen. Für ein Pilotprojekt eignet sich besonders die Wahl einfacher Domänen mit unkritischen Geschäftsprozessen. Nur so lässt sich ein optimaler Nutzen aus dem iterativen Vorgehen der SOA Governance ziehen. Durch die ständige Verbesserung der Richtlinien wird die Komplexität, die mit der Erschaffung einer unternehmensweit integrierten und dynamischen Servicelandschaft verbunden ist, handhabbar. Bei der Integration eines neuen Domänenbereichs in die Service-orientierte Architektur werden die gewachsenen Richtlinien angewand und auf diese Weise die Erfahrungen aus den vorigen Stufen optimal genutzt.

6 Fazit

Die Ausrichtung auf Services erhöht die Agilität einer IT-Landschaft sowie den Grad der Wiederverwendung von Softwarekomponenten und ermöglicht somit schnelle Reaktionen auf Marktveränderungen. Als vorrangiges Ziel verfolgt SOA die Eröffnung neuer Lösungswege durch partnerübergreifende Integration und Outsourcing von Teilen eines Geschäftsprozesses an spezialisierte Dienstleister. Bewährte Legacy-Systeme können bestehen bleiben und die Geschäftslogik durch Serviceorientierung in modernisierte Abläufe eingebunden werden. Flexible Anpassungsmöglichkeiten des Geschäftsmodells verschaffen einem Unternehmen Wettbewerbsvorteile.

Viele Unternehmen haben die Vorteile Service-orientierter Architekturen bereits erkannt und verfolgen die Absicht, dieses Architekturmodell in ihrer IT-Landschaft einzusetzen. Durch die neue Sichtweise wird die Bedeutung von IT-Funktionen für das Geschäftsprozessmanagment gestärkt und die IT wird mehr als globaler Dienstleistungsmarkt wahrgenommen. Die Service-orientierte Architektur erhält bereits heute eine breite Akzeptanz mit steigender Tendenz in den Bereichen Dienstleistungen, Finanzen, Handel, Telekommunikation und öffentliche Hand.

Zur Implementierung der Dienste verwenden die gängigen SOA Plattformen in der Regel WebService Technologien. Aufgrund spezifischer Standards – SOAP zur Kommunikation, WSDL zur Dienstbeschreibung und WS-BPEL zur Orchestrieung – eignen sich diese besonders gut zur Umsetzung Service-orientierter Architekturkonzepte. Da sämtliche Standards XML als gemeinsame Basis verwenden, ist durch den hohen Verbreitungsgrad und die Herstellerneutralität eine kontininuierliche Weiterentwicklung und Verbesserung, z. B. im Bereich der Quality-of-Service, zu erwarten.

Bei der Modellierung und praktischen Umsetzung einer Service-orientierten Architektur darf allerdings die damit verbundene Komplexität nicht unterschätzt werden. Zahlreiche Studien (vgl. [o01] und [o02]) belegen, dass SOA-Projekte in der Praxis scheitern. Die Ursachen dafür liegen weniger in der angewandten Technologie, sondern in der organisatotischen Durchführung und der mangelnden Erfahrung. Oft wird zu wenig beachtet, dass die Umstrukturierung und Neuausrichtung eines Systems neue Richtlinien erfordern, die nach der Festlegung fortlaufend eingehalten und kontrolliert werden müssen. Die SOA Governance ist daher von entscheidener Bedeutung für die erfolgreiche Einführung und den effizienten Betrieb einer Service-orientierter Architektur.

7 Anhang

7.1 Quelltext BPEL Beispiel

Basierend auf dem Tutorial "Creating a Loan Processing Composite Application" von Netbeans.

http://www.netbeans.org/kb/55/loanprocessing.html

```
<?xml version="1.0" encoding="UTF-8"?>
<process
    name="LoanRequestor"
    targetName-
space="http://enterprise.netbeans.org/bpel/LoanReques
tor"

xmlns="http://schemas.xmlsoap.org/ws/2004/03/business
-process/"
    xmlns:xsd="http://www.w3.org/2001/XMLSchema"

xmlns:bpws="http://schemas.xmlsoap.org/ws/2004/03/bus
iness-process/"

xmlns:wsdlNS=http://enterprise.netbeans.org/bpel/Loan
Requestor
```

```xml
xmlns:ns1="http://j2ee.netbeans.org/wsdl/LoanRequesto
r"
    xmlns:ns2="http://loanprocessor.sun.com/"

xmlns:ns0="http://xml.netbeans.org/schema/LoanRequest
or">
    <import name-
space="http://j2ee.netbeans.org/wsdl/LoanRequestor"
     location="LoanRequestor.wsdl" import-
Type="http://schemas.xmlsoap.org/wsdl/"/>
    <import namespace="http://loanprocessor.sun.com/"
       loca-
tion="Partners/LoanProcessor/LoanProcessor.wsdl"
importType="http://schemas.xmlsoap.org/wsdl/"/>
    <partnerLinks>
        <bpws:partnerLink name="EjbImplementation"
         partnerLinkType="ns2:LoanProcessorLinkType"
partnerRole="LoanProcessorRole"/>
        <bpws:partnerLink name="BpelImplementation"
          partnerLinkType="ns1:LoanRequestorPartner"
myRole="LoanRequestorPortTypeRole"/>
    </partnerLinks>
    <variables>
        <bpws:variable name="requestLoanOutput" mes-
sageType="ns1:LoanRequestorOperationReply"/>
        <bpws:variable
name="processApplicationOutput" mes-
sageType="ns2:processApplicationResponse"/>
        <bpws:variable name="processApplicationInput"
messageType="ns2:processApplication"/>
        <bpws:variable name="requestLoanInput" mes-
sageType="ns1:LoanRequestorOperationRequest"/>
    </variables>
```

```xml
    <sequence>
        <bpws:receive name="ReceiveFromCustomer"
createInstance="yes"
            partnerLink="BpelImplementation" operation="LoanRequestorOperation" port-
Type="ns1:LoanRequestorPortType"
            variable="requestLoanInput"/>
        <bpws:assign name="AssignReceiveToEJBInput">
            <bpws:copy>

<bpws:from>$requestLoanInput.requestLoanMessage/ns0:s
ocialSecurityNumber</bpws:from>

<bpws:to>$processApplicationInput.parameters/socialSe
curityNumber</bpws:to>
            </bpws:copy>
            <bpws:copy>

<bpws:from>$requestLoanInput.requestLoanMessage/ns0:a
pplicantName</bpws:from>

<bpws:to>$processApplicationInput.parameters/applican
tName</bpws:to>
            </bpws:copy>
            <bpws:copy>

<bpws:from>$requestLoanInput.requestLoanMessage/ns0:a
pplicantAddress</bpws:from>

<bpws:to>$processApplicationInput.parameters/applican
tAddress</bpws:to>
            </bpws:copy>
            <bpws:copy>
```

```xml
<bpws:from>$requestLoanInput.requestLoanMessage/ns0:a
pplicantEmailAddress</bpws:from>

<bpws:to>$processApplicationInput.parameters/applican
tEmailAddress</bpws:to>
          </bpws:copy>
          <bpws:copy>

<bpws:from>$requestLoanInput.requestLoanMessage/ns0:a
pplicantAge</bpws:from>

<bpws:to>$processApplicationInput.parameters/applican
tAge</bpws:to>
          </bpws:copy>
          <bpws:copy>

<bpws:from>$requestLoanInput.requestLoanMessage/ns0:a
pplicantGender</bpws:from>

<bpws:to>$processApplicationInput.parameters/applican
tGender</bpws:to>
          </bpws:copy>
          <bpws:copy>

<bpws:from>$requestLoanInput.requestLoanMessage/ns0:a
nnualSalary</bpws:from>

<bpws:to>$processApplicationInput.parameters/annualSa
lary</bpws:to>
          </bpws:copy>
          <bpws:copy>
```

```xml
<bpws:from>$requestLoanInput.requestLoanMessage/ns0:a
mountRequested</bpws:from>

<bpws:to>$processApplicationInput.parameters/amountRe
quested</bpws:to>
            </bpws:copy>
        </bpws:assign>
        <bpws:invoke name="InvokeLoanProcessorEJB"
partnerLink="EjbImplementation"
          operation="processApplication" port-
Type="ns2:LoanProcessor" inputVari-
able="processApplicationInput"
          outputVariable="processApplicationOutput"/>
        <bpws:assign name="AssignEJBOutputToReply">
            <bpws:copy>

<bpws:from>$processApplicationOutput.parameters/retur
n</bpws:from>

<bpws:to>$requestLoanOutput.responsePart/ns0:return</
bpws:to>
            </bpws:copy>
        </bpws:assign>
        <bpws:reply name="ReplyToCustomer" partner-
Link="BpelImplementation"
          operation="LoanRequestorOperation" port-
Type="ns1:LoanRequestorPortType" vari-
able="requestLoanOutput"/>
   </sequence>
 </process>
```

8 Glossar

API
(engl. Application Programming Interface) Application Programming Interface ist die Schnittstelle eines Programms nach außen, über die externe Applikationen auf die Inhalte zugreifen können.

Application Server
Ein Application Server ist eine Middleware Komponente. Hier wird die Geschäftslogik implementiert.

Asynchrone Kommunikation
Unter asynchroner Kommunikation versteht man einen Modus der Kommunikation, bei dem das Senden und Empfangen von Daten zeitlich versetzt und ohne Blockieren des Prozesses durch bspw. Warten auf die Antwort des Empfängers (wie bei synchroner Kommunikation der Fall) stattfindet.

B2B
(engl. Business-To-Business) Business-To-Business steht allgemein für Beziehungen zwischen (min. zwei) Unternehmen, im Gegensatz zu Beziehungen zwischen Unternehmen und anderen Gruppen (z. B. Konsumenten, also Privatpersonen als Kunden, Mitarbeitern oder der öffentlichen Verwaltung).

B2C
(engl. Business-To-Consumer) Business-To-Consumer steht allgemein für Beziehungen zwischen Unternehmen und anderen Gruppen (z. B. Konsumenten, also Privatpersonen als Kunden, Mitarbeitern oder der öffentlichen Verwaltung).

Client
Bei verteilten Systemen: Bezeichnung für alle Rechner, die Daten vom Server abrufen. Je nachdem, ob clientseitig ebenfalls Programmcode ausgeführt werden muss, wird zwischen Thin- und Fat-Client unterschieden.

CRM
(engl. Customer Relationship Management) Kundenbeziehungsmanagement oder Kundenpflege bezeichnet die Dokumentation und Verwaltung von Kundenbeziehungen und ist ein wichtiger Baustein für Beziehungsmarketing.

Deployment
Bereitstellung, Verteilung, Installation, Einrichtung und Starten eines Projekts beziehungsweise Programms.

Dienst
(Service) In der Informatik wird dieser Begriff im Sinne von Dienstleistung verwendet. Ein Dienst in eine Aktivität, Tätigkeit, Arbeit oder Leistung, die man für jemand anderen auf dessen Anforderung hin erledigt. Dienste können dabei kostenlos oder kostenpflichtig sein. Sie können direkt oder durch einen Vermittler angeboten, aufgerufen oder aktiviert werden. Des Weiteren können sie aus der Nähe oder aus der Ferne erbracht werden.

Extensible Markup Language (XML)
Erweiterbare Auszeichnungssprache; Standard im Bereich von plattform- und sprachunabhängigem Datenaustausch; Inhalte werden zwischen Tags platziert.

Hypertext Transfer Protocol (HTTP)
Abkürzung für Hypertext Transport Protocol. Dieses ist das Standard-Protokoll im Internet zum Übertragen von WWW-Dokumenten, die meist in der Beschreibungssprache HTML niedergelegt sind.

Hypertext Transfer Protocol (HTTP)
Abkürzung für Hypertext Transport Protocol. Dieses ist das Standard-Protokoll im Internet zum Übertragen von WWW-Dokumenten, die meist in der Beschreibungssprache HTML niedergelegt sind.

Implementierung
Die Implementierung ist die Umsetzung von festgelegten Strukturen und (Arbeits-) Abläufen in einem System unter Berücksichtigung von Rahmenbedingungen, Regeln und Zielvorgaben – also einer Spezifikation.

Intranet
Bezeichnung für ein in sich geschlossenes Rechnernetz (meist in einem Unternehmen), welches wie das Internet aufgebaut ist und insbesondere die gleichen Übertragungsarten, Protokolle und Dienste verwendet.

Java
Objektorientierte Programmiersprache

Link
Siehe Hyperlink

Objektorientierte Programmierung
Philosophie des Programmierens, welchedie Abbildung der realen Welt anstrebt, die aus gleichberechtigten und einheitlich erscheinenden Objekten besteht.

Offshoring
Der Begriff Offshoring bezeichnet eine Form der Verlagerung unternehmerischer Funktionen und Prozesse ins Ausland. Auslöser für eine Offshoring-Entscheidung sind in der Regel die im Ausland günstigeren Rahmenbedingungen, insbesondere bei den Arbeitskosten.

Outsourcing
Outsourcing (Tätigkeit: outsourcen, dt. Auslagerung „Produktionsschritte an andere vergeben") bezeichnet in der Ökonomie die Abgabe von Unternehmensaufgaben und -strukturen an Drittunternehmen. Es ist eine spezielle Form des Fremdbezugs von bisher intern erbrachter Leistung, wobei Verträge die Dauer und den Gegenstand der Leistung fixieren. Das grenzt Outsourcing von sonstigen Partnerschaften ab.

Overhead
Zusätzlich übermittelte Daten, die keine notwendigen Informationen beinhalten.

persistent
Im Sinne von dauerhaft, hier: in einer Datenbank gespeichert.

Protokoll
Vereinbarung über den geordneten Ablauf einer Kommunikation, wobei die Vereinbarung in der Informatik diktatorischen Charakter besitzt: Wer sich nicht an sie hält, wird von der Kommunikation ausgeschlossen. Protokolle sind bei der

Kopplung von Systemen und in offenen Systemen insbesondere im Internet unverzichtbar.

Prozedurale Programmierung
Prozedurale Programmierung ist der Ansatz, Computerprogramme aus kleineren Teilproblemen (oder genauer: Aufgaben), die als Prozeduren bezeichnet werden, aufzubauen. Der kleinste und unteilbare Schritt bei diesem Verfahren ist die Anweisung. Ein Programm schreitet sozusagen von Anweisung zu Anweisung voran, was dem lateinischen Wort „procedere" entspricht. Der Programmierer befiehlt dem Computer durch das Programm, was er in welcher Reihenfolge zu tun hat.

Prozess
Nach DIN 66201 bezeichnet man als Prozess die Umformung und / oder den Transport von Materie, Energie und / oder Information. In der Informatik wird der Begriff enger gefasst: Ein Prozess ist der „Vorgang einer algorithmisch ablaufenden Informationsbearbeitung". Der Prozess beschreibt also den Ablauf eines Systems oder einer Systemkomponente in Zeit und Raum.

Reengineering
Ingenieurmäßiges Neukonzipieren und Verändern existierender Systeme. Es werden alle Methoden und Aktionen, die einige Zeit nach der Einführung eines technischen oder organisatorischen Systems anfallen und die der Modernisierung oder Anpassung an aktuelle Gegebenheiten, aber nicht der ohnehin erforderlichen Pflege und Wartung dienen. Das sind Tätigkeiten wie Neuimplementierung von Komponenten, Einbettung in modernere Umgebungen, Wiederverwendung, Rekonstruierung von Objekten, Verfügbarmachen für neue Entwicklungsumgebung oder Verbesserung der Bedienbarkeit und Wartbarkeit.

Representational State Transfer (REST)
Alternative zur SOAP bei der Kommunikation von bzw. mit Web Services. Über die HTML-Methoden Delete, Get, Post und Put kann direkt auf Ressourcen zugegriffen werden.

Request
Anfrage, im Falle des HTTP in der Form eines Get- oder Post-Requests.

Semantik
Bedeutungslehre. Lehre von der inhaltlichen Bedeutung einer Programmiersprache.

Server
Bei verteilten Systemen: der Rechner, auf dem das Programm hauptsächlich ausgeführt wird.

Skalierbarkeit
Skalierbarkeit bezeichnet das Verhalten von Programmen oder Algorithmen bezüglich des Ressourcenbedarfs bei wachsenden Eingabemengen, im Kontext der Performance und Komplexität.

Softwarearchitektur
Softwarearchitektur ist eine strukturierte oder hierarchische Anordnung der Systemkomponenten sowie Beschreibung ihrer Beziehungen.

String
Datentyp, der eine Folge beliebiger Zeichen beinhalten kann, die auch nur als solche ausgewertet werden können. Rechenoperationen mit Strings sind folglich nicht möglich.

Synchrone Kommunikation
Unter synchroner Kommunikation versteht man einen Modus der Kommunikation, bei dem die Kommunikationspartner (Prozesse) beim Senden oder beim Empfangen von Daten immer synchronisieren, also warten (blockiert), bis die Kommunikation abgeschlossen ist.

Tag
Bei XML: Auszeichnung in der Form <tagname> für einen öffnenden, und </tagname> für einen schließenden Tag Bei Flickr und anderen Webanwendungen: Schlüsselwort zum Kategorisieren von Inhalten mit einem gemeinsamen Thema zum Suchen bzw. Finden.

Uniform Resource Identifier (URI)
Dient zur eindeutigen Identifizierung von Ressourcen auf einem Rechner.

Uniform Resource Locator (URL)
Identifiziert eindeutig eine Ressource auf einem Rechner über einen Zugriffmechanismus, im Internet meistens in der Form http://meineURL.de.

WSFL
(engl. Web Service Flow Language) WSFL ist die Abkürzung für Web Services Flow Language. WSFL ist eine Sprache zur Beschreibung von Geschäftsprozessen auf Basis von Web Services. WSFL definiert per XML ein Modell eines gerichteten Graphen von durch Kontrollflüsse und Datenflüsse verbundenen Aktivitäten, welche in einer Workflow-Engine abgearbeitet werden können.Die Ideen von WSL flossen unter anderem in BPEL ein.

XLANG
XLANG ist ein XML-basiertes Format zur Beschreibung des Nachrichtenaustausches von teilnehmenden Web Services. XLAN ist zusammen mit WSFL in der BPEL aufgegangen.

XML
siehe Extensible Markup Language

9 Quellenverzeichnis

9.1 Literatur

[01] D. Krafzig, K. Banke, D. Slama; Enterprise SOA – Best Practices für Serviceorientierte Architekturen – Einführung, Umsetzung, Praxis; mitp Verlag; Heidelberg 2007; ISBN 978-3-8266-1699-0

[02] W. Dostal, M. Jeckle, I. Melzer, B. Zengler; Seriveorientierte Architekturen mit Web Services – Konzepte Standards Praxis; Spektrum Verlag; München 2005; ISBN 3-8274-1457-1

[03] [01] Seite 76

[04] [01] Seite 78

[05] T. Heuser, U. Löwer; WebServices – Die Standards; Galileo Computing Verlag; Bonn 2004; ISBN 3-89842-393-X

9.2 Online-Quellen

[o01] Gartner Group, Inroduction to Service-Oriented Architecture, Y. Natis, R. Schulte; 2003;
http://www.computerwoche.de/soa-expertenrat/wp-

content/uploads/2006/12/soa-definition-and-principles-en-v10.pdf

[o02] The free Online Dictionary - Service; 2007;
http://www.thefreedictionary.com/Service

[o03] OASIS; Reference Model for Service oriented Architecture Version 1.0; Oktober 2006;
http://docs.oasis-open.org/soa-rm/v1.0/soa-rm.html

[o04] Gartner Group, Survery shows why firms undertake Web Service Project; 2003
http://www.gartner.com/DisplayDocument?doc_cd=116069

[o05] Arbeitskreis WebService
http://www.winf.tu-darmstadt.de/arbeitsreis/symposium.htm

[o06] World Wide Web Consortium (W3C); Web Service Architecture Requirements; 2002
http://www.w3c.org/TR/2002/WD-wsa-reqs-20021011#IDAGWEBD

[o07] Online community for the Universal Description, Discovery and Integration;
http://uddi.xml.org/

[o08] United Nations Standard Products and Service Code;
http://www.unspsc.org

[o09] Freie Enzyklopädie Wikipedia, UNSPSC;
http://de.wikipedia.org/wiki/UNSPSC

[o10] Google; Google SOAP Search API;
http://code.google.com/apis/soapsearch/reference.html

[o11] SUN Microsystems; Discover the secrets of the Java Serialization API

http://java.sun.com/developer/technicalArticles/Programming/serialization

[o12] Freie Enzyklopädie Wikipedia, Marshalling
http://de.wikipedia.org/wiki/Marshalling

[o13] The Internet Engineering Task Force (IETF); RFC2616 – HTTP 1.1; 1999
http://tools.ietf.org/html/rfc2616

[o14] The Internet Engineering Task Force (IETF); RFC2821 – Simple Mail Transfer Protocol; 2001
http://tools.ietf.org/html/rfc2821

[o15] World Wide Web Consortium (W3C); Web Service Adressing Working Group; 2002
http://www.w3.org/2002/ws/addr

[o16] OASIS; Web Service Reliable Exchange; Juni 2007;
http://www.oasis-open.org/committees/tc_home.php?wg_abbrev=ws-rx

[o17] OASIS; *Web Service Secure Exchange*; 2006;
http://www.oasis-open.org/committees/tc_home.php?wg_abbrev=ws-sx

[o18] OMG; CORBA - Common Object Request Broker Architecture;
http://www.corba.org/

[o19] SUN; Remote Method Invocation;
http://java.sun.com/javase/technologies/core/basic/rmi/index.jsp

[o20] World Wide Web Consortium (W3C); Web Service Choreography Description Language Version 1.0; November 2005;
http://www.w3.org/TR/ws-cdl-10/

[o21] OASIS; Web Service Business Execution Language Version 2.0; April 2007;
http://docs.oasis-open.org/wsbpel/2.0/OS/wsbpel-v2.0-OS.html

[o22] Netbeans, Creating a Loan Processing Composite Application; 2007;
http://www.netbeans.org/kb/55/loanprocessing.html

[o23] SUN – Netbeans; NetBeans 5.5;
http://www.netbeans.org/community/releases/55/

[o24] SUN – Netbeans; NetBeans Enterprise Pack 5.5;
http://developers.sun.com/jsenterprise/nb_enterprise_pack/reference/index.jsp

[o25] webMethods; SOA Governance – Enabling sustainable success with SOA; Oktober 2006
http://www1.webmethods.com/PDF/whitepapers/SOA_Governance.pdf

[o26] IBM; WebSphere Service Registry und Service Repository – WSRR und SOA-Servicelebenszyklus; 2007
http://publib.boulder.ibm.com/infocenter/sr/v6r0/index.jsp?topic=/com.ibm.sr.doc/cwsr_overview_overview06.html

[o27] IBM; WebSphere Service Registry und Service Repository – WSRR und SOA-Governance; 2007
http://publib.boulder.ibm.com/infocenter/sr/v6r0/index.jsp?topic=/com.ibm.sr.doc/cwsr_overview_overview10.html

9.3 Weiterführende Literatur

H. Balzert; Lehrbuch der Software-Technik; 2. Auflage. Spektrum Akademischer Verlag, 2001,
ISBN 3-8274-0301-4 S. 716

M. B. Juric; Business Process Execution Language for Web Services 2nd Edition; Packet Publishing Limited; New York 2006;
ISBN 1-904811-81-7

D. Liebhart, G. Schmitz, et al.; Architectures Blueprints – Ein Leitfaden zur Kontruktion von Softwaresystemen mit Java Spring, . NET, ADF, Forms und SOA; Hanser Verlag; München 2006;
ISBN 978-3-446-40952-1

J. Hasan; Expert Service-oriented Architecture in C# - Using the Web Services Enhancements 2.0; Apress; Berkeley USA 2004;
ISBN 1-59059-390-1

H. Silberberger; Collaborative Business und Web Services – Ein Managementleitfaden in Zeiten technologischen Wandels; Springer-Verlag; Berlin, Heidelberg 2003;
ISBN3-540-00417-3

G. Wiehler; Mobility, Security and Web Services – Neue Technologien und Service-orientierte Architekturen für zukunftsweisende IT-Lösungen; Publicis Corporate Publishing; München 2004;
ISBN 3-89578-228-9

9.3.1 Zeitschriften

Computerzeitung; Integration der Software-Infrastruktur; Seite 17 – 23, Nr. 32-33; Montag, 14. August 2006

Computerwoche; IT-Riesen kämpfen um die SOA-Krone; Sonderdruck aus Nr.10; 3. März 2006

Computerwoche; SOA-Projekte scheitern an Technik und Governance; 27. Juni 2007;
http://www.computerwoche.de/soa-trends/595149/

Computerwoche, W. Hermann; Governance bleibt die größte Hürde für SOA; 20. April 2007;
http://www.computerwoche.de/soa-expertenrat/?p=171

Entwickler Magazin, M. Seemann; Serviceorientiere Architektur zwischen Hype und Business; Seite 100 – 105, Ausgabe 3/2006

Entwickler Magazin, F. Schwarz, C. Schreiber; Let´s talk about SOA – Teil 1; Seite 106 – 120, Ausgabe 3/2006

IT-FOKUS, O. Nandico; Von monolithischen zu lose gekoppelten Services; Seite 40 – 45, Ausgabe Januar 2007

IX Magazin, A. Born, J. Diercks; Last Exit SOA; Seite 46 – 51, Ausgabe 7/2007

ObjektSpektrum, A. Oswald; Modelliertes Denken: SOA-Management – Ein Beispiel; Seite 54 – 57, Ausgabe 03/2007

10 Abkürzungsverzeichnis

API	......	Asynchronous Javascript and XML
B2B	......	Business-to-Business
B2C	......	Business-to-Consumer
BPEL	......	Business Process Execution Language
CORBA	......	Common object request broker architecture
CRM	......	Costumer Relationship Management
CSS	......	Cascading Style Sheets
DIN	......	Deutsche Industrie Norm
EAI	......	Enterprise Application Integration
EDIFACT	......	Electronic Data Interchange for Administration, Commerce and Transport
FTP	......	File Transport Protocol
HTML	......	Hypertext Markup Language
HTTP	......	Hypertext Transfer Protocol
IDL	......	Interface Definition Language
ISBN	......	International Standard Book Number
ISO	......	International Standard Organisation
IT	......	Information Technology
ORB	......	Object Request Broker
PDA	......	Personal Digital Assistant
POP3	......	Post Office Protocol Version 3
RFC	......	Request for calls
RMI	......	Remote Method Invocation

RPC	……	Remote Procedure Call
SMTP	……	Simple Mail Transfer Protocol
SOA	……	Service-orientierte Architektur
SOAP	……	Simple Object Access Protocol
SQL	……	Standard Query Language
UDDI	……	Universal Description, Discovery and Integration
URI	……	Universal Resource Identifier
WSDL	……	WebService Description Language
WAP	……	Wireless Application Protocol
WSFL	……	WebService Flow Language
WS-BPEL	……	WebService Business Process Execution Language
WS-CDL	……	WebService Choreography Description Language
W3C	……	World Wide Web consortium
XML	……	Extensible Markup Language
API	……	Asynchronous Javascript and XML
B2B	……	Business-to-Business
B2C	……	Business-to-Consumer
BPEL	……	Business Process Execution Language
CORBA	……	Common object request broker architecture
CRM	……	Costumer Relationship Management
CSS	……	Cascading Style Sheets
DIN	……	Deutsche Industrie Norm
EAI	……	Enterprise Application Integration
EDIFACT	……	Electronic Data Interchange for Administration, Commerce and Transport
FTP	……	File Transport Protocol
HTML	……	Hypertext Markup Language
HTTP	……	Hypertext Transfer Protocol

10 Abkürzungsverzeichnis

IDL	......	Interface Definition Language
ISBN	......	International Standard Book Number
ISO	......	International Standard Organisation
IT	......	Information Technology
ORB	......	Object Request Broker
PDA	......	Personal Digital Assistant
POP3	......	Post Office Protocol Version 3
RFC	......	Request for calls
RMI	......	Remote Method Invocation
RPC	......	Remote Procedure Call
SMTP	......	Simple Mail Transfer Protocol
SOA	......	Service-orientierte Architektur
SOAP	......	Simple Object Access Protocol
SQL	......	Standard Query Language
UDDI	......	Universal Description, Discovery and Integration
URI	......	Universal Resource Identifier
WSDL	......	WebService Description Language
WAP	......	Wireless Application Protocol
WSFL	......	WebService Flow Language
WS-BPEL	......	WebService Business Process Execution Language
WS-CDL	......	WebService Choreography Description Language
W3C	......	World Wide Web consortium
XML	......	Extensible Markup Language

11 Index

3

3-Schichten Architekturmodell 12

A

Adapter 16
Anwendungs-Frontend 10
API 105
Application Server 105
Asynchrone Kommunikation
.... 105

B

B2B 32, 105
B2C 32, 106
Basic-Service 19
Basis Dienste ...... *Siehe* Basic-Service
BPEL 70
Business Process .... Siehe Geschäftsprozess
Business-to-Business ... 15, 34
Business-to-Consumer 34

C

Choreographie 71
Client 106
Collaborative Business 34
CRM 10

D

Daten 22
datenzentrierter Service 22
Deployment 106
Description 46
Dienst .... *Siehe* Service
Dienstbeschreibung
    WSDL 42
Diesntbeschreibung 46
Discovery 44

E

EAI 28
Enterprise Service 15

F

Fassade 17
Functionality Services....... 18
Funktionalitätsergänzende Dienste Siehe Functionality Service

G

Geschäftsdienst.............Siehe Enterprise Service
Geschäftslogik 7, 20
Geschäftsprozess..........30, 59

H

HTTP 56, 107
Hub-and-Spoke.................. 28

I

Implementierung........20, 107
Intermediate Service 15
Intranet 107

J

Java.................................. 107

K

Klassendiagramm 30

L

Link 107

logikzentrierte Dienste ..Siehe Geschäftslogik
lose Kopplung 7, 37, 43

N

Nachrichtenübertragung ... 55

O

Objektorienung 29
Offshoring........................ 108
Orchestrierung 70, 71, 72
Outsourcing 108
Overhead......................... 108

P

persistent 108
PortTyp 46
Process Centric Service...... 15
Process Engine................... 73
Protokoll 108
Prozedurale Programmierung
.... 109
Prozess 109
    Modellierung................. 78
Prozesszentrierter Dienst
........Siehe Process Centric Service

Q

Quality of Service 60

R

Reengineering 109
Request 110
REST 110

S

Schnittstelle 24
Semantik 110
Server 110
Service 11, 106
   Bestandteile 11
   Einsatzgebiete 32
   QoS 60
   Technology Gateway 16
   Vertrag 20
Service-Anbieter .... *Siehe* Service-Provider
Servicearten 12
Service-Bus 6, 25, 27
Service-Consumer 11
Service-Nutzer 11
Service-Provider .... *Siehe* Service-Anbieter
Service-Repository 24
Skalierbarkeit 110
SOA - Bestandteile 9
SOA Governance
   Aufgabe 91
   Lifecycle 92
   organistorische Ebene ... 89
   Positionierung 88
SOAP 42, 48
Softwarearchitektur 110
String 110
Synchrone Kommunikation
.... 111

T

Tag 111

U

UDDI 40, 42, 44
   Green Pages 45
   White Pages 45
   Yellow Pages 45
URI 111
URL 111

V

Vertrag 20
Verzeichnisdienst *Siehe* UDDI

W

Web Service 2
WebService 8, 10
   Addressing 60
   Architektur 41
   BPEL 70
   CDL 71
   Consumer 58
   Definition 39
   Einsatzgebiet 59
   Grundlagen 37
   Informationsfluss 57
   Nachteile 66

Orchestrierung 72
Packaging 53
Provider 58
Reliability 61
Security 61
Standards 43
Vorteile 62
Wiederverwendbarkeit 60
WS-BPEL
　Kommunikationsweg 78
　Schema 81
　Sprachelemente 73
WSDL 40, 42, 46
　Abstrakte Definition 47
　Bindung 48
　Datentypen 47
　Konkrete Definition 48
　Nachrichten 47
　Port 48
　PortTyp 48
　Service 48
WSFL 72, 111

X

XLANG 72, 112
XML 46, 107

Z

Zwischendienste ....*Siehe* Intermediate Service

MIX
Papier aus verantwortungsvollen Quellen
Paper from responsible sources
FSC® C105338

If you have any concerns about our products,
you can contact us on
ProductSafety@springernature.com

In case Publisher is established outside the EU,
the EU authorized representative is:
**Springer Nature Customer Service Center GmbH
Europaplatz 3, 69115 Heidelberg, Germany**

Printed by Libri Plureos GmbH
in Hamburg, Germany